ALMANACH-GUIDE

DU VOYAGEUR AU MANS

LK7 3784

LE MANS. — IMPR. DEHALLAIS, DU TEMPLE ET Ce.

ALMANACH-GUIDE

DU VOYAGEUR

AU MANS

ET DANS LE DÉPARTEMENT DE LA SARTHE

POUR 1860

CONTENANT :

1° La description et l'histoire abrégée des monuments de la ville du Mans;
2° La liste des châteaux et maisons remarquables du département,
avec les particularités qui s'y rattachent, et le nom de leurs propriétaires;
3° Le tableau des marchés, assemblées et foires du département;
4° Les noms des principaux fonctionnaires et commerçants de la ville, etc.

PAR F. LEGEAY

LE MANS

DEHALLAIS, DU TEMPLE ET Cie

Imprimeurs-Libraires-Éditeurs

RUE MARCHANDE, 15, ET RUE BOURGEOISE, 16

1860

1859

CALENDRIER.

DIVISION DES TEMPS DE L'ANNÉE BISSEXTILE DE 1860.

L'année de la période Julienne 6573
Depuis le déluge de Noé. 4204
Depuis la première Olympiade d'Iphitus jusqu'en juill. 2636
De la fondation de Rome selon Varron 2613
Depuis l'ère de Nabonassar. 2607
De la naissance de Jésus-Christ 1860
Année des Turcs 1276. (Elle commence le 31 juillet 1859 et finit le 18 juillet 1860.)

COMPUT ECCLÉSIASTIQUE.

Nombre d'or en 1860 18
Epacte. 7
Cycle solaire 21
Indiction romaine. 5
Lettre dominicale. . . . . AG.

QUATRE SAISONS.

PRINTEMPS le 20 mars, 9 heures 14 minutes du matin.
ÉTÉ le 21 juin, 5 heures 53 minutes du matin.
AUTOMNE 22 septembre, 8 heures 3 minutes du soir.
HIVER 21 décembre, 1 heure 55 minutes du soir.

FÊTES MOBILES.

Septuagésime.	5 février.
Les Cendres.	22 février.
Passion	25 mars.
PAQUES.	8 avril.
Rogations	14, 15 et 16 mai.
Ascension	17 mai.
Pentecote.	27 mai.
Trinité	3 juin.
Fête-Dieu.	7 juin.
1er Dimanche de l'Avent . . .	2 décembre.

QUATRE-TEMPS.

29 février, 2 et 3 mars.	19, 21 et 22 septembre.
30 mai, 1 et 2 juin.	19, 21 et 22 décembre.

ÉCLIPSES.

22 et 23 janvier, éclipse de soleil, invisible.

7 février, *éclipse partielle de lune, visible.* — Commencement, à 1 heure 11 minutes du matin.— Milieu, à 2 heures 38 minutes du matin. — Fin, à 4 heures 4 minutes du matin.

18 juillet, *éclipse partielle de soleil, visible.* — Commencement, à 1 heure 54 minutes du soir. — Milieu, à 3 heures 4 minutes du soir. — Fin, à 4 heures 8 minutes du soir.

1er août, éclipse partielle de lune, invisible.

La lune est *périgée* au point de son orbite où elle est le plus près de la terre, et *apogée* à celui où elle en est le plus loin. (Voyez à la fin de chaque mois.)

JANVIER.

LE SOLEIL ENTRE DANS LE VERSEAU.

Il se lève à 7 h. 56 m. du matin, et se couche à 4 h. 11 m. du soir.

JOURS.		SAINTS.	SOLEIL.				LUNE.			
			lev.		couch.		lever.		coucher.	
			h.	m.	h.	m.	h.	m.	h.	m.
1	Dim.	Circoncision.	7	56	4	11	11 mat.	16	—	—
2	lund.	s. Basile, évêque.	7	56	4	12	11	31	1 matin.	5
3	mar.	s^{e} Geneviève, p. de Paris.	7	56	4	13	11	52	2	17
4	merc.	s. Rigobert. s. Aldric.	7	56	4	14	0 soir.	20	3	31
5	jeud.	s. Siméon-Stylite.	7	56	4	15	0	57	4	48
6	vend.	Epiphanie.	7	55	4	17	1	47	6	2
7	sam.	s^{e} Mélanie, dame rom.	7	55	4	18	2	51	7	8
8	Dim.	s. Lucien, évêque.	7	55	4	19	4	10	7	58
9	lund.	s. Pierre, évêque.	7	54	4	20	5	37	8	34
10	mar.	s. Paul, 1er ermite.	7	54	4	22	7	05	9	3
11	mer.	s. Théodose.	7	54	4	23	8	31	9	27
12	jeud.	s. Arcade, martyr.	7	53	4	24	9	55	9	47
13	vend.	Baptême de N.-S.	7	52	4	26	11	16	10	3
14	sam.	s. Hilaire, évêque.	7	52	4	27	—	—	10	20
15	Dim.	s. Maur, abbé.	7	51	4	28	0 matin.	36	10	39
16	lund.	s. Honorat, évêque.	7	50	4	30	1	55	11	2
17	mar.	s. Antoine, ermite.	7	50	4	31	3	13	11	31
18	merc.	Chaire de s. Pierre à Rom.	7	49	4	33	4	25	0 soir.	8
19	jeud.	s. Sulpice, évêque.	7	48	4	34	5	30	0	53
20	ven.	s. Sébastien, p. des arch.	7	47	4	36	6	24	1	49
21	sam.	s^{e} Agnès, vierge et mart.	7	46	4	37	7	6	2	55
22	Dim.	s. Vincent, fête des vign.	7	45	4	39	7	38	4	05
23	lund.	s. Ildefonse, év. de Tolède.	7	44	4	40	8	3	5	15
24	mar.	s. Babylas, évêque.	7	43	4	42	8	22	6	23
25	mer.	Conversion de s. Paul.	7	42	4	43	8	39	7	32
26	jeud.	s^{e} Paule, veuve.	7	41	4	45	8	54	8	38
27	ven.	s. Julien, év. du Mans.	7	40	4	47	9	7	9	43
28	sam.	s. Charlemagne, emper.	7	39	4	48	9	21	10	50
29	Dim.	s. François de Sales.	7	37	4	50	9	37	—	—
30	lund.	s^{e} Bathilde, reine de Fr.	7	36	4	51	9	55	0 mat.	0
31	mar.	s^{e} Marcelle, veuve.	7	35	4	53	10	17	1	12

Premier quartier le 1, à 10 heures 57 minutes du matin.
Pleine lune le 8, à 3 heures 32 minutes du soir.
Dernier quartier le 15, à 7 heures 7 minutes du matin.
Nouvelle lune le 23, à 0 heure 26 minutes du matin.
Premier quartier le 31, à 5 heures 20 minutes du matin.
Périgée le 10 ; apogée le 25.

FÉVRIER.

LE SOLEIL ENTRE DANS LES POISSONS.

Il se lève à 7 h. 34 m. du matin, et se couche à 4 h. 55 m. du soir.

JOURS.		SAINTS.	SOLEIL.				LUNE.			
			lev.		couch.		lever.		coucher.	
			h.	m.	h.	m.	h.	m.	h.	m.
1	mer.	s. Ignace, év. d'Antioche.	7	34	4	55	10 m.	47	2 matin.	26
2	jeud.	PURIFICATION.	7	32	4	56	11	30	3	39
3	vend.	s. Blaise, évêque.	7	31	4	58	0 soir.	27	4	47
4	sam.	s. Isidore, prêtre.	7	29	5	0	1	38	5	44
5	Dim.	*Septuagésime.*	7	28	5	1	3	2	6	28
6	lund.	s. Wast.	7	26	5	3	4	31	7	2
7	mar.	s. Romuald, abbé.	7	25	5	5	5	59	7	27
8	mer.	s. Jean de Matha.	7	23	5	6	7	27	7	47
9	jeud.	s^{e} Apolline, vierge et m.	7	22	5	8	8	52	8	6
10	vend.	s^{e} Scholastique, vierge.	7	20	5	10	10	16	8	25
11	sam.	s^{e} Euphrosine.	7	18	5	11	11	40	8	44
12	Dim.	*Sexagésime.*	7	17	5	13	—	—	9	7
13	lund.	s. Lezin, évêque.	7	15	5	15	1 matin.	0	9	34
14	mar.	s. Valentin, évêque.	7	13	5	16	2	16	10	8
15	mer.	s. Faustin, martyr.	7	12	5	18	3	23	10	51
16	jeud.	s^{e} Julienne, vierge et m.	7	10	5	20	4	21	11	44
17	vend.	s. Sylvain, évêque.	7	8	5	21	5	7	0 soir.	47
18	sam.	s. Siméon, év. de Jérusal.	7	6	5	23	5	41	1	55
19	Dim.	*Quinquagésime.*	7	5	5	24	6	8	3	4
20	lund.	s. Eucher, év. d'Orléans.	7	3	5	26	6	29	4	12
21	mar.	*Mardi gras.*	7	1	5	28	6	46	5	20
22	mer.	LES CENDRES.	6	59	5	29	7	1	6	28
23	jeud.	s^{e} Isabelle.	6	57	5	31	7	15	7	34
24	vend.	s. Matthias, apôtre.	6	55	5	33	7	28	8	40
25	sam.	s. Césaire, médecin.	6	53	5	34	7	43	9	48
26	Dim.	*Quadragésime.*	6	51	5	36	8	0	10	58
27	lund.	s^{e} Honorine, vierge et m.	6	50	5	37	8	21	—	—
28	mar.	s. Romain.	6	48	5	39	8	48	0 mat.	11
29	mer.	*Quatre-Temps.*	6	46	5	41	9	24	1	23

Pleine lune le 7, à 2 heures 44 minutes du matin.
Dernier quartier le 13, à 6 heures 59 minutes du soir.
Nouvelle lune le 21, à 7 heures 48 minutes du soir.
Premier quartier le 29, à 8 heures 4 minutes du soir.
Périgée le 7; apogée le 21.

MARS.

LE SOLEIL ENTRE DANS LE BÉLIER.

Il se lève à 6 h. 44 m. du matin, et se couche à 5 h. 42 m. du soir.

JOURS.		SAINTS.	SOLEIL. lev.		SOLEIL. couc.		LUNE. lever.		LUNE. coucher.	
			h.	m.	h.	m.	h.	m.	h.	m.
1	jeud.	s. Aubin, év. d'Angers.	6	44	5	42	10	12 m.	2	31 matin.
2	vend.	s. Simplice.	6	42	5	44	11	15	3	32
3	sam.	s^e Cunégonde, vierge.	6	40	5	45	0	30 soir.	4	19
4	DIM.	*Reminiscere.*	6	38	5	47	1	53	4	57
5	lund.	s. Théophile.	6	36	5	49	3	22	5	26
6	mar.	s^e Colette, vierge.	6	34	5	50	4	50	5	48
7	mer.	s. Thomas d'Aquin.	6	32	5	52	6	17	6	7
8	jeud	s. Jean de Dieu.	6	29	5	53	7	44	6	27
9	vend.	s^e Françoise, dame rom.	6	27	5	55	9	10	6	47
10	sam.	Les 40 mart. de Sébaste.	6	25	5	56	10	36	7	9
11	DIM.	*Oculi.*	6	23	5	58	11	57	7	34
12	lund.	s. Grégoire le Grand, pap.	6	21	5	59	—	—	8	6
13	mar.	s^e Euphrasie, vierge.	6	19	6	1	1	10 matin.	8	47
14	mer.	s^e Mathilde.	6	17	6	2	2	14	9	39
15	jeud.	*Mi-Carême.*	6	15	6	4	3	4	10	40
16	vend.	s. Abraham, ermite.	6	13	6	5	3	42	11	46
17	sam.	s. Patrice, évêque.	6	11	6	7	4	11	0	54 soir.
18	DIM.	*Lœtare.*	6	9	6	8	4	34	2	2
19	lund.	s. Joseph.	6	7	6	10	4	52	3	10
20	mar.	s. Joachim.	6	4	6	12	5	8	4	17
21	mer.	s. Benoît, abbé.	6	2	6	13	5	22	5	35
22	jeud.	s^e Léa, dame romaine.	6	0	6	15	5	37	6	33
23	vend.	s. Victor.	5	58	6	16	5	53	7	41
24	sam.	s. Gabriel, archange.	5	56	6	18	6	8	8	50
25	DIM.	PASSION.	5	54	6	19	6	27	10	1
26	lund.	s. Emmanuel.	5	52	6	21	6	53	11	12
27	mar.	s. Robert.	5	50	6	22	7	26	—	—
28	mer.	s. Gontran, roi de Bourg.	5	48	6	24	8	9	0	21 matin.
29	jeud.	s. Benjamin, martyr.	5	45	6	25	9	5	1	23
30	vend.	*Notre-Dame-de-Pitié.*	5	43	6	26	10	13	2	14
31	sam.	s. Gui.	5	41	6	28	11	31	3	55

Le Printemps commen. le 20 mars, à 9 h. 14 m. du mat.
Pleine lune le 7, à 0 heure 53 minutes du soir.
Dernier quartier le 14, à 9 heures 17 minutes du matin.
Nouvelle lune le 22, à 2 heures 5 minutes du soir.
Premier quartier le 30, à 7 heures 2 minutes du matin.
Périgée le 6; apogée le 19.

AVRIL.

LE SOLEIL ENTRE DANS LE TAUREAU.

Il se lève à 5 h. 39 m. du matin, et se couche à 6 h. 29 m. du soir.

JOURS.		SAINTS.	SOLEIL.				LUNE.			
			lev.		couch.		lever.		coucher.	
			h.	m.	h.	m.	h.	m.	h.	m.
1	Dim.	*Rameaux.*	5	39	6	29	0 soir.	54	3 matin.	24
2	lund.	s. François de Paule.	5	37	6	31	2	19	3	49
3	mar.	s^e^ Irène, martyre.	5	35	6	32	3	45	4	9
4	mer.	s. Isidore de Séville.	5	33	6	34	5	11	4	28
5	jeud.	s. Ambroise, évêque.	5	31	6	35	6	37	4	47
6	vend.	*Vendredi-Saint.*	5	29	6	37	8	3	5	8
7	sam.	s. Hégésippe, aut. ecclés.	5	27	6	38	9	28	5	32
8	Dim.	PAQUES.	5	25	6	40	10	48	6	2
9	lund.	s^e^ Marie d'Egypte.	5	23	6	41	11	59	6	40
10	mar.	s. Macaire, évêque.	5	21	6	43	—	—	7	29
11	mer.	s. Léon le Grand, pape.	5	19	6	44	0 matin.	56	8	27
12	jeud.	s. Jules, pape.	5	17	6	46	1	39	9	32
13	vend.	s. Justin, martyr.	5	15	6	47	2	12	10	42
14	sam.	s. Tiburce. s^e^ Ténestine.	5	13	6	49	2	38	11	52
15	Dim.	*Quasimodo.*	5	11	6	50	2	59	1 soir.	0
16	lund.	s. Fructueux. s. Thuribe.	5	9	6	52	3	15	2	7
17	mar.	s. Etienne, abbé.	5	7	6	53	3	30	3	14
18	mer.	s. Parfait, martyr.	5	5	6	55	3	45	4	20
19	jeud.	s. Léon IX, pape.	5	3	6	56	4	0	5	27
20	vend.	s. Anselme, arch. de Cant.	5	1	6	57	4	16	6	37
21	sam.	s. Ildegonde.	4	59	6	59	4	35	7	49
22	Dim.	s^e^ Léonide.	4	57	7	1	4	57	9	1
23	lund.	s. Georges, martyr.	4	55	7	2	5	27	10	11
24	mar.	s^e^ Beuve, abbesse.	4	54	7	3	6	8	11	15
25	mer.	s. Marc, évangéliste.	4	52	7	5	7	1	—	—
26	jeud.	s. Clet, pape.	4	50	7	6	8	5	0 matin.	10
27	vend.	s. Anthime, évêque.	4	48	7	8	9	20	0	53
28	sam.	s. Guingalois.	4	46	7	9	10	41	1	26
29	Dim.	s. Vital, mart. à Ravenne.	4	45	7	11	0 soir.	3	1	51
30	lund.	s^e^ Sophie. s. Siviard.	4	43	7	12	1	24	2	13

Pleine lune le 5, à 10 heures 10 minutes du soir.
Dernier quartier le 13, à 1 heure 44 minutes du matin.
Nouvelle lune le 21, à 5 heures 55 minutes du matin.
Premier quartier le 28, à 2 heures 45 minutes du matin.
Périgée le 4; apogée le 16.

MAI.

LE SOLEIL ENTRE DANS LES GÉMEAUX.

Il se lève à 4 h. 41 m. du matin, et se couche à 7 h. 13 m. du soir.

JOURS.		SAINTS.	SOLEIL.				LUNE.			
			lev.		couch.		lever.		coucher	
			h.	m	h.	m.	h.	m.	h.	m.
1	mar.	s. Philippe.	4	41	7	13	2 soir.	45	2 matin.	33
2	mer.	s. Athanase, évêque.	4	39	7	15	4	9	2	51
3	jeud.	Invention de la Ste-Croix.	4	38	7	16	5	34	3	10
4	vend.	s^e Monique, mère de s. A.	4	36	7	18	6	58	3	32
5	sam.	s. Augustin.	4	35	7	19	8	21	3	59
6	DIM.	s. Jean-Porte-Latine.	4	33	7	21	9	37	4	34
7	lund.	s. Stanislas.	4	31	7	22	10	40	5	18
8	mar.	s. Désiré, év. de Bourges.	4	30	7	24	11	31	6	13
9	mer.	s. Grégoire de Nazianze.	4	28	7	25	—	—	7	18
10	jeud.	s. Antoine, arch. de Flor.	4	27	7	26	0 matin.	10	8	27
11	vend.	s. Mamert, évêque.	4	25	7	28	0	38	9	37
12	sam.	s^e Flavie, vierge et mart.	4	24	7	29	1	0	10	46
13	DIM.	s. Servais, évêque.	4	23	7	30	1	19	11	54
14	lund.	*Rogations.*	4	21	7	32	1	35	1 soir.	1
15	mar.	s. Isidore.	4	20	7	33	1	50	2	7
16	mer.	s. Honoré, év. d'Amiens.	4	19	7	34	2	5	3	14
17	jeud.	ASCENSION.	4	17	7	36	2	20	4	22
18	vend.	s. Eric, roi de Suède.	4	16	7	37	2	37	5	33
19	sam.	s. Yves, avocat, curé.	4	15	7	38	2	59	6	46
20	DIM.	s. Bernardin de Sienne.	4	14	7	40	3	27	7	58
21	lund.	s^e Virginie.	4	13	7	41	4	4	9	6
22	mar.	s^e Julie, vierge et martyr.	4	12	7	42	4	53	10	4
23	mer.	s. Didier, évêque.	4	11	7	43	5	56	10	52
24	jeud.	s^e Esther.	4	10	7	45	7	9	11	28
25	vend.	s. Urbain, pape.	4	9	7	46	8	29	11	55
26	sam.	s. Alolphe. *Vigile et jeûne.*	4	8	7	47	9	51	—	—
27	DIM.	PENTECOTE.	4	7	7	48	11	12	0 matin.	18
28	lund.	s. Germain, év. de Paris.	4	6	7	49	0 soir.	32	0	38
29	mar.	s. Maximin, évêque.	4	5	7	50	1	52	0	57
30	mer.	*Quatre-Temps.*	4	4	7	51	3	13	1	15
31	jeud.	s^e Pétronille.	4	4	7	52	4	35	1	34

Pleine lune le 5, à 7 heures 11 minutes du matin.
Dernier quartier le 12, à 7 heures 26 minutes du soir.
Nouvelle lune le 20, à 6 heures 55 minutes du soir.
Premier quartier le 27, à 8 heures 14 minutes du soir.
Périgées le 2 et le 29; apogée le 14.

JUIN.

LE SOLEIL ENTRE DANS L'ÉCREVISSE.

Il se lève à 4 h. 3 m. du matin, et se couche à 7 h. 53 m. du soir.

JOURS.		SAINTS.	SOLEIL.				LUNE.			
			lev.		couch.		lever.		coucher.	
			h.	m.	h.	m.	h.	m.	h.	m.
1	vend.	s. Fortuné, évêque.	4	3	7	53	5 soir.	37	1 matin.	57
2	sam.	s. Erasme.	4	2	7	54	7	15	2	28
3	Dim.	Trinité.	4	2	7	55	8	24	3	8
4	lund.	s. Optat, évêque.	4	1	7	56	9	22	3	59
5	mar.	s. Boniface, arch. de May.	4	0	7	56	10	5	5	0
6	mer.	s. Claude, évêque.	4	0	7	57	10	38	6	8
7	jeud	Fête-Dieu.	3	59	7	58	11	3	7	19
8	vend.	s. Médard, év. de Noyon.	3	59	7	59	11	23	8	30
9	sam.	s^e^ Pélagie, vierge mar.	3	59	7	59	11	40	9	39
10	Dim.	s^e^ Marguerite.	3	59	8	0	11	55	10	47
11	lund.	s. Barnabé, apôtre.	3	58	8	1	—	—	11	53
12	mar.	s^e^ Olympe.	3	58	8	1	0 matin.	10	0 soir.	59
13	mer.	s. Antoine de Padoue.	3	58	8	2	0	25	2	6
14	jeud.	*Octave de la Fête-Dieu.*	3	58	8	2	0	42	3	15
15	vend.	s. Modeste, martyr.	3	58	8	3	1	2	4	27
16	sam.	s. Bertrand.	3	58	8	3	1	27	5	40
17	Dim.	s. Avit, abbé de Micy.	3	58	8	4	2	0	6	51
18	lund.	s. Innocent, év. du Mans.	3	58	8	4	2	44	7	55
19	mar.	ss. Gervais et Protais.	3	58	8	4	3	42	8	46
20	mer.	s. Silvère, pape et mart.	3	58	8	5	4	53	9	26
21	jeud.	s. Louis de Gonzague.	3	58	8	5	6	13	9	57
22	vend.	s^e^ Cérotte.	3	58	8	5	7	37	10	22
23	sam.	s^e^ Christine, veuve.	3	59	8	5	9	0	10	43
24	Dim.	*Nativité de St.-Jean-Bap.*	3	59	8	5	10	21	11	2
25	lund.	s. Prosper d'Aquitaine.	3	59	8	5	11	41	11	21
26	mar.	ss. Jean et Paul, martyrs.	4	0	8	5	1 soir.	2	11	41
27	mer.	s. Irénée, év. de Lyon.	4	0	8	5	2	23	—	—
28	jeud.	s. Basilide, martyr.	4	1	8	5	3	43	0 matin.	3
29	vend.	s. Pierre et s. Paul.	4	1	8	5	5	1	0	30
30	sam.	Convers. de s. Paul.	4	2	8	5	6	13	1	5

L'Été commence le 21 juin, à 5 h. 53 m. du matin.
Pleine lune le 3, à 4 heures 55 minutes du soir.
Dernier quartier le 11, à 1 heure 13 minutes du soir.
Nouvelle lune le 19, à 5 heures 32 minutes du matin.
Premier quartier le 26, à 0 heure 45 minutes du matin.
Apogée le 11 ; périgée le 23.

JUILLET.

LE SOLEIL ENTRE DANS LE LION.

Il se lève à 4 h. 2 m. du matin, et se couche à 8 h. 5 m. du soir.

JOURS.		SAINTS.	SOLEIL.				LUNE.			
			lev.		couch.		lever.		coucher.	
			h.	m.	h.	m.	h.	m.	h.	m.
1	Dim.	s. Calais, né en Auvergne.	4	2	8	5	7 soir.	14	1 matin.	50
2	lund.	Visitat. de la Ste Vierge.	4	3	8	4	8	2	2	47
3	mar.	s. Anatole, évêque.	4	4	8	4	8	38	3	52
4	mer.	Translat. de s. Martin.	4	4	8	4	9	5	5	3
5	jeud.	s^e^ Zoé, martyre à Rome.	4	5	8	3	9	28	6	14
6	vend.	s^e^ Angèle, carmélite.	4	6	8	3	9	45	7	24
7	sam.	s. Félix, év. de Nantes.	4	7	8	2	10	0	8	32
8	Dim.	s^e^ Élisabeth, r. de Port.	4	8	8	1	10	15	9	39
9	lund.	s^e^ Véronique.	4	8	8	1	10	30	10	46
10	mar.	s^e^ Félicité et ses 7 enf., m.	4	9	8	0	10	46	11	53
11	mer.	Trans. des r. de s^e^ Schol.	4	10	8	0	11	5	1 soir.	0
12	jeud.	s. Benoît.	4	11	7	59	11	27	2	9
13	vend.	s^e^ Brigitte, martyre.	4	12	7	58	11	56	3	19
14	sam.	s. Bonaventure, cardinal.	4	13	7	57	—	—	4	30
15	Dim.	s. Henri, emp. d'Allemag.	4	14	7	56	0 matin.	34	5	37
16	lund.	Notre-Dame du Mont-Car.	4	15	7	56	1	25	6	34
17	mar.	s. Alexis.	4	16	7	55	2	31	7	21
18	mer.	s. Thomas d'Aquin.	4	18	7	54	3	47	7	57
19	jeud.	s. Vincent-de-Paul.	4	19	7	53	5	11	8	24
20	vend.	s^e^ Marguerite, v. et m.	4	20	7	52	6	37	8	47
21	sam.	s. Victor, martyr.	4	21	7	51	8	3	9	7
22	Dim.	s^e^ Marie-Madeleine.	4	22	7	49	9	27	9	25
23	lund.	s. Liboire, év. du Mans.	4	24	7	48	10	50	9	46
24	mar.	s. Pavace, év. du Mans.	4	25	7	47	0 soir.	12	10	9
25	mer.	s. Jacques le Maj., apôtre.	4	26	7	46	1	32	10	34
26	jeud.	s^e^ Anne, mère de la s^e^ V.	4	27	7	45	2	50	11	5
27	vend.	s. Maximilien.	4	28	7	43	4	3	11	46
28	sam.	s. Joachim, p. de la s^e^ V.	4	30	7	42	5	8	—	—
29	Dim.	s^e^ Marthe.	4	31	7	41	6	0	0 matin.	39
30	lund.	s. Ignace de Loyola.	4	32	7	39	6	39	1	41
31	mar.	s. Germain, év. d'Auxer.	4	33	7	38	7	9	2	50

Pleine lune le 3, à 4 heures 16 minutes du matin.
Dernier quartier le 11, à 6 heures 7 minutes du matin.
Nouvelle lune le 18, à 2 heures 29 minutes du soir.
Premier quartier le 25, à 5 heures 49 minutes du matin.
Apogée le 8; périgée le 20.

AOUT.

LE SOLEIL ENTRE DANS LA VIERGE.

Il se lève à 4 h. 35 m. du matin, et se couche à 7 h. 36 m. du soir.

JOURS.		SAINTS.	SOLEIL. lev.		SOLEIL. couch.		LUNE. lever.		LUNE. coucher.	
			h.	m.	h.	m.	h.	m.	h.	m.
1	mer.	s. Pierre aux liens.	4	35	7	36	7 soir.	33	4 matin.	1
2	jeud.	s. Reymond, erm. p. la Fl.	4	36	7	35	7	51	5	11
3	vend.	L'inv. du c. de s. Étienne.	4	38	7	33	8	7	6	19
4	sam.	s. Dominique.	4	39	7	32	8	22	7	26
5	Dim.	Notre-Dame des Neiges.	4	40	7	30	8	36	8	32
6	lund.	Transfigur. de N.-S. J.-C.	4	42	7	29	8	51	9	38
7	mar.	s. Albert, carme.	4	43	7	27	9	7	10	46
8	mer.	s. Justin, martyr.	4	44	7	25	9	27	11	55
9	jeud.	s. Romain, mar. à Rome.	4	46	7	24	9	54	1 soir.	5
10	vend.	s. Laurent, *id.*	4	47	7	22	10	28	2	14
11	sam.	s^e^ Suzanne, vierge et m.	4	48	7	20	11	11	3	20
12	Dim.	s^e^ Claire, v. et abbesse.	4	50	7	19	—	—	4	21
13	lund.	s. Hippolyte, soldat, mar.	4	51	7	17	0 matin.	8	5	12
14	mar.	s^e^ Anastasie. *Vig. et jeûne.*	4	53	7	15	1	20	5	52
15	mer.	ASSOMPTION.	4	54	7	13	2	41	6	23
16	jeud.	s. Roch, laïque.	4	55	7	12	4	6	6	49
17	vend.	s. Anastase, évêque.	4	57	7	10	5	33	7	11
18	sam.	s^e^ Hélène, impératrice.	4	58	7	8	7	1	7	29
19	Dim.	s. Louis, év. de Toulouse.	5	0	7	6	8	28	7	50
20	lund.	s. Bernard, abbé.	5	1	7	4	9	53	8	12
21	mar.	s^e^ Chantal.	5	2	7	2	11	16	8	36
22	mer.	s. Symphorien, martyr.	5	4	7	0	0 soir.	37	9	7
23	jeud.	s. Rigomer, prê. du Mans.	5	6	6	58	1	54	9	46
24	vend.	s. Barthélemi, apôtre.	5	7	6	56	3	1	0	35
25	sam.	s. Louis, roi de France.	5	8	6	54	3	57	11	34
26	Dim.	s. Victeur, év. du Mans.	5	10	6	52	4	41	—	—
27	lund.	s. Césaire, év. d'Arles.	5	11	6	50	5	14	0 matin.	40
28	mar.	s. Augustin, doct. de l'Ég.	5	12	6	48	5	38	1	51
29	mer.	Décollat. de s. Jean-Bap.	5	14	6	46	5	58	3	1
30	jeud.	s. Fiacre et s. Hadouin.	5	15	6	44	6	15	4	9
31	vend.	s^e^ Isabelle, vierge.	5	17	6	42	6	30	5	16

Pleine lune le 1, à 5 heures 43 minutes du soir.
Dernier quartier le 9, à 9 heures 33 minutes du soir.
Nouvelle lune le 16, à 10 heures 29 minutes du soir.
Premier quartier le 23, à 0 heure 59 minutes du soir.
Pleine lune le 31, à 9 heures 6 minutes du matin.
Apogée le 5; périgée le 17.

SEPTEMBRE.

LE SOLEIL ENTRE DANS LA BALANCE.

Il se lève à 5 h. 18 m. du matin, et se couche à 6 h. 40 m. du soir.

JOURS.	SAINTS.	SOLEIL. lev.		SOLEIL. couch.		LUNE. lever.		LUNE. coucher.	
		h.	m.	h.	m.	h.	m.	h.	m.
1 sam.	s. Victur, év. du Mans.	5	18	6	40	6	44 soir.	6	22 matin.
2 Dim.	s. Etienne et s. Just.	5	20	6	38	6	59	7	27
3 lund.	s^{e} Dorothée.	5	21	6	36	7	15	8	35
4 mar.	s^{e} Rosalie, vierge.	5	22	6	34	7	34	9	44
5 mer.	s. Bertin, abbé.	5	24	6	32	7	57	10	52
6 jeud	s. Eleuthère, pap. et mar.	5	25	6	30	8	26	0	0 soir.
7 vend.	s. Cloud, prê. et s. Facile.	5	27	6	28	9	5	1	6
8 sam.	Nativité de la Vierge.	5	28	6	26	9	57	2	7
9 Dim.	s. Ulphace, solitaire.	5	29	6	24	11	0	3	1
10 lund.	s. Almir, sol. dans le Main.	5	31	6	22	—	—	3	44
11 mar.	s. Patient et s. Ernée, sol.	5	32	6	20	0	13 matin.	4	19
12 mer.	s. Sylvain, év. de Vérone.	5	34	6	17	1	34	4	48
13 jeud.	s. Aimé et s. Maurille, év.	5	35	6	15	2	59	5	12
14 vend.	Exalt. de la Sainte Croix.	5	37	6	13	4	23	5	33
15 sam.	s^{e} Eutrope, veuve.	5	38	6	11	5	52	5	52
16 Dim.	s^{e} Euphémie. s. Principe.	5	39	6	9	7	20	6	13
17 lund.	s. Flaceau, prêt. du Mans.	5	41	6	7	8	48	6	38
18 mar.	s^{e} Sophie.	5	42	6	5	10	14	7	7
19 mer.	*Quatre-Temps.*	5	44	6	3	11	36	7	44
20 jeud.	s. Eustache, martyr.	5	45	6	0	0	49 soir.	8	31
21 vend.	s. Matthieu, apôt. et év.	5	47	5	58	1	50	9	29
22 sam.	s. Maurice, martyr.	5	48	5	56	2	38	10	34
23 Dim.	s^{e} Thècle, vierge et mar.	5	49	5	54	3	15	11	42
24 lund.	s. Gerard, év. et martyr.	5	51	5	52	3	42	—	—
25 mar.	s. Hilaire d'Oizé, solit.	5	52	5	50	4	4	0	51 matin.
26 mer.	s. Cyprien et s^{e} Justine.	5	54	5	48	4	22	2	0
27 jeud.	s. Côme.	5	55	5	46	4	38	3	7
28 vend.	s. Héliodore, martyr.	5	57	5	43	4	52	4	13
29 sam.	s. Michel, ange tut. de la F.	5	58	5	41	5	7	5	18
30 Dim.	s. Jérôme, prêt. et doct.	6	0	5	39	5	23	6	24

L'Automne commen. le 22 septembre, à 8 h. 3 m. du soir.
Dernier quartier le 8, à 11 heures 15 minutes du matin.
Nouvelle lune le 15, à 6 heures 18 minutes du matin.
Premier quartier le 21, à 11 heures 34 minutes du soir.
Pleine lune le 30, à 1 heure 49 minutes du matin.
Périgée le 15; apogées les 1 et 28.

OCTOBRE.

LE SOLEIL ENTRE DANS LE SCORPION.

Il se lève à 6 h. 1 m. du matin, et se couche à 5 h. 37 m. du soir.

JOURS.		SAINTS.	SOLEIL. lev. h.	m.	couch. h.	m.	LUNE. lever. h.	m.	coucher. h.	m.
1	lund.	s. Remi, év. de Reims.	6	1	5	37	5 soir.	41	7 matin.	31
2	mar.	ss. Anges gardiens.	6	3	5	35	6	3	8	40
3	mer.	s. Léger, év. d'Autun.	6	4	5	33	6	30	9	49
4	jeud.	s. François d'Assise.	6	6	5	31	7	5	10	56
5	vend.	s[e] Aure et s. Placide.	6	7	5	29	7	51	11	59
6	sam.	s. Bruno, f. des Chartreux.	6	8	5	27	8	49	0 soir.	54
7	Dim.	*Dédicace*. S. Marc, pape.	6	10	5	25	9	57	1	39
8	lund.	s[e] Thaïs et s[e] Pélagie.	6	12	5	23	11	13	2	16
9	mar.	s. Denis, év. de Paris, m.	6	13	5	21	—	—	2	46
10	mer.	s. François de Borgia.	6	15	5	19	0 matin.	33	3	11
11	jeud.	s. Nicaise, martyr.	6	16	5	16	1	56	3	33
12	vend.	s. Maximilien, év. et mar.	6	18	5	14	3	20	3	53
13	sam.	s. Géraud, comte d'Auril.	6	19	5	12	4	46	4	14
14	Dim.	s. Calixte et s. Léonard.	6	21	5	11	6	13	4	36
15	lund.	s[e] Thérèse, fond. des C.-D.	6	22	5	9	7	40	5	3
16	mar.	s. Gault, sol. dans le Main.	6	24	5	7	9	6	5	37
17	mer.	s. Berar, év. et s. Florent.	6	25	5	5	10	28	6	22
18	jeud.	s. Luc, évangéliste.	6	27	5	3	11	38	7	17
19	vend.	s[e] Luce, martyre à Rome.	6	28	5	1	0 soir.	32	8	20
20	sam.	s[e] Irène.	6	30	4	59	1	13	9	30
21	Dim.	ss. Céline et Ursule, vierg.	6	32	4	57	1	44	10	41
22	lund.	s. Mellon, év. de Rouen.	6	33	4	55	2	7	11	50
23	mar.	ss. Hilarion et Ignace.	6	35	4	53	2	26	—	—
24	mer.	s. Magloire et s. Martin.	6	36	4	52	2	43	0 matin.	58
25	jeud.	s. Crépin, mar. et s. Front.	6	38	4	50	2	58	2	4
26	vend.	s. Evariste, pape et mar.	6	39	4	48	3	14	3	10
27	sam.	s. Frumence et s[e] Anastas.	6	41	4	46	3	30	4	16
28	Dim.	ss. Simon et Jude, apôtr.	6	43	4	44	3	48	5	22
29	lund.	s. Narcisse, év. de Jérus.	6	44	4	43	4	9	6	29
30	mar.	ss. Astère et Lucain.	6	46	4	41	4	35	7	38
31	mer.	s. Quentin. *Vigile et jeû.*	6	47	4	39	5	8	8	46

Dernier quartier le 7, à 11 heures 13 minutes du soir.
Nouvelle lune le 14, à 2 heures 46 minutes du soir.
Premier quartier le 21, à 2 heures 20 minutes du soir.
Pleine lune le 29, à 6 heures 58 minutes du soir.
Périgée le 13; apogée le 26.

NOVEMBRE.

LE SOLEIL ENTRE DANS LE SAGITTAIRE.

Il se lève à 6 h. 49 m. du matin, et se couche à 4 h. 38 m. du soir.

JOURS.		SAINTS.	SOLEIL.				LUNE.			
			lev.		couch.		lever.		coucher.	
			h.	m.	h.	m.	h.	m.	h.	m.
1	jeud.	TOUSSAINT.	6	49	4	38	5 soir.	46	9 mat.	51
2	vend.	*Commémorat. des morts.*	6	51	4	36	6	45	10	49
3	sam.	s. Hubert et s^e Modeste.	6	53	4	34	7	49	11	37
4	Dim.	s. Ch. Borromée.	6	54	4	33	9	1	0 soir.	17
5	lund.	s. Zacharie, pè. de s. J.-B.	6	55	4	31	10	18	0	49
6	mar.	s. Léonard, orig. du Main.	6	57	4	30	11	38	1	14
7	mer.	s. Romain, prê. du Mans.	6	59	4	28	—	—	1	35
8	jeud.	saintes Reliques.	7	0	4	27	0 matin.	58	1	55
9	vend.	s. Mathurin, prêtre.	7	2	4	26	2	19	2	16
10	sam.	s. Léon-le-Grand, pape.	7	3	4	24	3	42	2	37
11	Dim.	s. Martin, év. de Tours.	7	5	4	23	5	7	3	1
12	lund.	s. René, év. d'Angers.	7	7	4	21	6	34	3	30
13	mar.	s. Brice, év. de Tours.	7	8	4	20	7	58	4	10
14	mer.	s. Laurent et s. Auvien.	7	10	4	19	9	13	5	1
15	jeud.	s. Eugène et s. Pavin.	7	11	4	18	10	17	6	2
16	vend.	s. Eucher év. et s. Tugal.	7	13	4	17	11	6	7	11
17	sam.	s. Grégoire de Tours.	7	15	4	15	11	43	8	24
18	Dim.	s. Odon, orig. du Maine.	7	16	4	14	0 soir.	10	9	35
19	lund.	s. Elisabeth de Hongrie.	7	18	4	13	0	31	10	44
20	mar.	s. Edmond, roi et martyr.	7	19	4	12	0	48	11	52
21	mer.	Présentat. de la s^e Vierge.	7	21	4	11	1	4	—	—
22	jeud.	s^e Cécile, vierge et mart.	7	22	4	10	1	20	0 matin.	58
23	vend.	s. Clément, pap. et mart.	7	24	4	9	1	35	2	3
24	sam.	s. Jean de la Croix, car. d.	7	25	4	9	1	51	3	9
25	Dim.	s^e Catherine, vierge et m.	7	26	4	8	2	11	4	17
26	lund.	s. Pierre d'Alexandrie.	7	28	4	7	2	36	5	26
27	mar.	s^e Geneviève.	7	29	4	6	3	6	6	36
28	mer.	s. Sosthène, disc. de s. Pa.	7	31	4	6	3	46	7	42
29	jeud.	s. Saturnin, év. de Toul.	7	32	4	5	4	38	8	42
30	vend.	s. André, apôtre.	7	33	4	4	5	41	9	34

Dernier quartier le 6, à 9 heures 26 minutes du matin.
Nouvelle lune le 13, à 0 heure 45 minutes du matin.
Premier quartier le 20, à 9 heures 2 minutes du matin.
Pleine lune le 28, à 11 heures 47 minutes du matin.
Périgée le 11; apogée le 22.

DÉCEMBRE.

LE SOLEIL ENTRE DANS LE CAPRIÇORNE.

Il se lève à 7 h. 35 m. du matin, et se couche à 4 h. 4 m. du soir.

JOURS.		SAINTS.	SOLEIL.				LUNE.			
			lev.		couch.		lever.		coucher	
			h.	m.	h.	m.	h.	m.	h.	m.
1	sam.	s. Eloi et s. Domnole, év.	7	35	4	4	6 soir.	51	10 matin.	17
2	Dim.	Avent.	7	36	4	3	8	9	10	50
3	lund.	s. François-Xavier, prê.	7	37	4	3	9	27	11	16
4	mar.	s[e] Barbe, vierge et mar.	7	38	4	3	10	46	11	40
5	mer.	s. Constantien et s. Sabas.	7	40	4	2	—	—	0 soir.	1
6	jeud.	s. Nicolas, év. de Myre.	7	41	4	2	0 matin.	5	0	20
7	vend.	s. Ambroise et s. Siméon.	7	42	4	2	1	25	0	40
8	sam.	Immac. Conc. de la s[e] Vier.	7	43	4	2	2	46	1	2
9	Dim.	s[e] Léocadie, vierge et m.	7	44	4	1	4	8	1	28
10	lund.	s[e] Valère, vierge et mar.	7	45	4	1	5	31	2	2
11	mar.	s. Damase, pape.	7	46	4	1	6	50	2	46
12	mer.	s. Florent, év. de Bourges.	7	47	4	1	8	0	3	42
13	jeud.	s[e] Lucie, vierge.	7	48	4	1	8	56	4	48
14	vend.	s. Nicaise, év. de Reims.	7	49	4	1	9	37	6	1
15	sam.	s. Eusèbe, év. de Verceil.	7	49	4	2	10	8	7	15
16	Dim.	s[e] Adélaïde, impératrice.	7	50	4	2	10	32	8	27
17	lund.	s[e] Olympe, veuve.	7	51	4	2	10	52	9	36
18	mar.	s. Gatien et s. Désiré.	7	52	4	2	11	9	10	43
19	mer.	*Quatre-Temps. Jeûne et m.*	7	52	4	3	11	25	11	49
20	jeud.	s. Ischirion, colonel, mar.	7	53	4	3	11	41	—	—
21	vend.	s. Thomas, apôtre.	7	53	4	4	11	57	0 matin.	55
22	sam.	s. Honorat, évêque.	7	54	4	4	0 soir.	15	2	1
23	Dim.	s[e] Victoire, vierge et mar.	7	54	4	5	0	37	3	8
24	lund.	s[e] Emilienne. *Vig. et jeû.*	7	55	4	5	1	4	4	17
25	mar.	NOEL.	7	55	4	6	1	40	5	26
26	mer.	s. Etienne, martyr.	7	55	4	7	2	28	6	30
27	jeud.	s. Jean, apôtre et évang.	7	56	4	8	3	28	7	26
28	vend.	Les saints Innocents.	7	56	4	8	4	37	8	13
29	sam.	s. Thomas et s. Evroult.	7	56	4	9	5	53	8	51
30	Dim.	s. Roger, év. et s[e] Mélaine	7	56	4	10	7	13	9	21
31	lund.	s. Sylvestre, pape.	7	56	4	11	8	34	9	45

L'Hiver commence le 21 décembre, à 1 h. 55 m. du soir.
Dernier quartier le 5, à 6 heures 9 minutes du soir.
Nouvelle lune le 12, à 0 heure 57 minutes du soir.
Premier quartier le 20, à 6 heures 19 minutes du matin.
Pleine lune le 28, à 3 heures 26 minutes du matin.
Périgée le 8 ; apogée le 20.

CHEMIN DE FER DE L'OUEST

SERVICE DU 1er NOVEMBRE 1859.

Trains se dirigeant sur Paris.

Départs du Mans. —	6 heures »	—	du matin.	(omn.)
	11 heures 50 minutes		du matin.	(expr.)
	12 heures 10	—	du jour.	(omn.)
	5 heures »	—	du soir.	(omn.)
	6 heures 42	—	du soir.	(omn.)
	12 heures »	—	du soir.	(expr.)
Arrivées à Paris. —	5 heures »	—	du matin.	
	12 heures 35	—	du jour.	
	4 heures 30	—	du soir.	
	6 heures 35	—	du soir.	
	11 heures 30	—	du soir.	
Arrivée à Chart. —	11 heures 15	—	du soir.	

Trains s'éloignant de Paris.

Départ de Chart. —	5 heures 30	—	du matin.	(omn.)
— de Paris. —	7 heures 30	—	du matin.	(omn.)
	10 heures 30	—	du matin.	(expr.)
	5 heures »	—	du soir.	(omn.)
	8 heures »	—	du soir.	(expr.)
	10 heures 30	—	du soir.	(omn.)
Arrivées au Mans. —	9 heures 45	—	du matin.	
	2 heures 50	—	du soir.	
	3 heures 10	—	du soir.	
	11 heures 15	—	du soir.	
	12 heures 40	—	du soir.	
	6 heures 5	—	du matin.	

Lignes de Bretagne.

Départs du Mans.—	3 heures 30	—	du soir.
	7 heures 55	—	du soir.
	1 heure »	—	du matin.
	6 heures 30	—	du matin.
Arrivées à Laval.—	6 heures 10	—	du soir.
	11 heures »	—	du soir.
	3 heures 10	—	du matin.
	9 heures 45	—	du matin.
Départs de Laval.—	6 heures 15	—	du matin.
	9 heures 5	—	du matin.
	3 heures 16	—	du soir.
	9 heures 35	—	du soir.
Arrivées au Mans.—	9 heures 25	—	du matin.
	11 heures 30	—	du matin.
	6 heures 22	—	du soir.
	11 heures 40	—	du soir.
Dép. de Rennes. —	7 heures »	—	du matin.
	12 heures 15	—	du soir.
	7 heures »	—	du soir.
Arrivées au Mans.—	11 heures 30	—	du matin.
	6 heures 22	—	du soir.
	11 heures 40	—	du soir.

Lignes de Normandie.

Départs du Mans.—	3 heures 45	—	du soir.
	7 heures »	—	du soir.
	1 heure 15	—	du matin.
	7 heures »	—	du matin.
Arriv. à Alençon.—	5 heures 34	—	du soir.
	9 heures »	—	du soir.
	3 heures 17	—	du matin.
	9 heures 6	—	du matin.

Dép. d'Alençon. — 6 heures 30 — du matin.
9 heures 45 — du matin.
1 heure 33 — du soir.
9 heures 51 — du soir.
Arrivées au Mans. — 8 heures 25 — du matin.
11 heures 20 — du matin.
3 heures 55 — du soir.
11 heures 25 — du soir.

Ligne d'Orléans.

(SECTION DE TOURS AU MANS.)

SERVICE DU 7 NOVEMBRE 1859.

Départs du Mans. — 6 heures 35 — du matin.
12 heures 20 — du jour.
4 heures 25 — du soir.
Arrivées à Tours. — 10 heures 15 — du matin.
3 heures 18 — du soir.
7 heures 50 — du soir.
Départs de Tours. — 6 heures 40 — du matin.
11 heures 45 — du matin.
4 heures 30 — du soir.
Arriv. au Mans. — 10 heures » — du matin.
3 heures 2 — du soir.
7 heures 46 — du soir.

En publiant ce petit volume, nous n'avons qu'un but, c'est celui d'indiquer à l'étranger, qui désire visiter notre cité, les monuments qui peuvent le plus l'intéresser; s'il veut en connaître l'histoire, nous l'engageons à consulter le *Dictionnaire du Maine,* par Le Paige; la *Statistique de l'arrondissement du Mans,* par Cauvin; *Le Mans ancien et moderne,* par Richelet; le *Dictionnaire statistique de la Sarthe,* par Pesche, auxquels nous avons souvent eu recours pour faire cet opuscule.

F. L.

LE GUIDE

DU

VOYAGEUR AU MANS

LE MANS

La Gaule, qui a depuis porté le nom de France, était divisée, sous César, en trois parties principales : la Gaule du nord ou *Belgique,* du centre ou *Celtique,* du midi ou *Aquitaine.*

La Gaule Celtique était bornée par la Marne, la Garonne et l'Océan, et renfermait une centaine de tribus parmi lesquelles se trouvaient les Cénomans ; le pays de ces derniers semble aux antiquaires et aux géographes répondre assez exactement, pour l'étendue, au département de la Sarthe. On présume que ces peuples, dont l'origine est inconnue, sont venus se fixer dans cette contrée 1000 ans environ avant notre ère.

Le Mans est l'une des plus anciennes et des plus considérables cités de la Gaule; il est situé sur une colline au pied de laquelle coule la Sarthe ; il offre, comme toutes les vieilles villes, des rues étroites, sinueuses et mal bâties ; mais, depuis 1791, il a beaucoup gagné : des quartiers nouveaux ont été ouverts, des maisons élégantes ont été construites et de belles promenades ont été faites; sa population actuelle est de 34,700 habitants.

Les Romains appelaient Le Mans *Subdinum, Suindinum* et

Vindinum; sous Julien l'Apostat, Le Mans prit le nom de *Cenomanum* et plus tard, par abréviation, celui de Le Mans.

Les Romains s'emparèrent de la Gaule 50 ans avant Jésus-Christ. Il est presque certain qu'ils trouvèrent Le Mans bâti ; mais, ce qui est incontestable, c'est qu'ils en firent une de leurs principales résidences pendant plus de 500 ans. Vers 486, les Francs vinrent les chasser de la Gaule et par conséquent du pays des Cénomans, et s'établirent sur ses ruines.

Le plan que nous nous sommes tracé nous impose l'obligation de n'indiquer que très-sommairement les principales révolutions dont notre ville a été le théâtre :

510. — Clovis prend la ville du Mans et en chasse son parent Rignomer qui la gouvernait.

842.—Le Mans, qui appartenait à Charles le Chauve, est pris et saccagé par Lothaire. Charles le Chauve le reprend en 863.

865, 866. — Les Normands s'emparent de la ville du Mans et la pillent ; en 873 Charles le Chauve s'en rend maître de nouveau et brûle les faubourgs.

1063. — Le Mans est assiégé deux fois par Guillaume le Conquérant.

1092, 1100. — Hélie de La Flèche prend deux fois la ville du Mans.

1189, 1223. — Philippe-Auguste, Richard Cœur de Lion et Jean sans Terre s'emparent successivement du Mans.

1424. — La ville du Mans est prise par le comte de Salisbury et ses murailles sont renversées. Polydore Virgile dit que c'est le premier siége où l'on se soit servi de l'artillerie.

1443, 1448. — Le comte de Dunois assiége Le Mans et en chasse les Anglais.

1562. — Les protestants entrent dans la ville du Mans, pillent les églises et brisent les tombeaux.

1589. — Henri IV commence à assiéger la ville du Mans occupée par les ligueurs.

1793. — Les Vendéens prennent Le Mans le 10 décembre et les républicains le 12 du même mois.

1799. — Les chouans entrent dans la ville du Mans et s'emparent des caisses publiques et des munitions.

Place des Halles.

La place des Halles, située sur une éminence, est de forme rectangulaire; elle est entourée de beaux cafés, d'hôtels, de restaurants, de maisons de commerce, de l'église de l'ancien couvent de la Visitation et du palais de justice.

En 1793, l'armée vendéenne entra au Mans; une partie, harassée de fatigue, passa la nuit sur la place des Halles; La Rochejaquelein, voyant approcher l'ennemi, fit des efforts inouïs pour réveiller ses soldats et leur faire prendre les armes; alors commença la plus horrible des boucheries; le sang coulait de toutes parts; les Vendéens se sauvèrent sur la place de l'Éperon pour gagner la rue de l'Orée, le pont Saint-Jean et la route de Laval.

Halle.

La Halle, construite en pierre, occupe le centre de la place; c'est un monument circulaire et entouré d'arcades. La Halle fut commencée en 1822 et terminée en 1828. Le marché au blé s'y tient les vendredis, et les marchands y établissent de belles et riches boutiques pendant les foires de la Pentecôte et de la Toussaint.

Cette Halle a remplacé un vaste hangar sous lequel on vendait, depuis 1568, des denrées de toute espèce.

Église de la Visitation.

Mathurin Riballier, architecte, originaire de La Flèche, commença, en 1735, à bâtir la jolie petite église de la Visitation, dont le plan et les sculptures sont attribués à Soufflot [1]; les autels ne furent terminés qu'en 1751. La façade principale, que l'on aurait dû mettre en face de la place des Halles, est richement ornée de colonnes corinthiennes.

[1] L'architecte du Panthéon.

cannelées, surmontées d'un bel entablement et de deux frontons, l'un appartenant à l'ordre principal, l'autre à l'attique, contre-sens architectural.

Il serait à désirer que l'administration dégageât ce monument des échoppes qui le déshonorent.

Tous les dimanches, à 5 heures du matin, une messe basse est célébrée dans cette église.

Palais de Justice.

Madame de La Ferrière, sœur du comte de Tessé, légua, en 1632, 20,000 livres aux religieuses de Sainte-Marie dites de la Visitation, à la condition de fonder un établissement de leur ordre dans la ville du Mans, d'y recevoir les jeunes filles qui se destinaient à entrer en religion, en apportant 800 livres de dot et 120 livres en rente viagère.

La maison, a deux étages, commença à être bâtie en 1634.

Le jardin et l'enclos des religieuses furent vendus en 1793. A cette époque on établit dans les bâtiments de ce monastère les tribunaux civil, criminel et de police correctionnelle; de nombreux travaux de distributions et des augmentations considérables permirent d'y placer depuis le tribunal de commerce, la gendarmerie, les prisons, etc.

La cour d'assises y siége tous les trois mois.

Les audiences du tribunal civil ont lieu les mardis et mercredis de chaque semaine; celles du tribunal de commerce, le mardi; de la police correctionnelle, le jeudi et quelquefois le vendredi.

On se rend de la place des Halles à la place des Jacobins, par les rues Dumas, Marchande et Saint-Dominique.

Place des Jacobins.

La grande et belle place des Jacobins a été ouverte, depuis 1789, sur les terrains appartenant en partie aux religieux des Jacobins[1] et des Cordeliers[2]. Elle fut successivement appelée place de la Réunion, d'Angoulême et enfin des Jacobins.

On aperçoit sur cette place un reste du vieux mur d'enceinte de la ville, qui soutient un côté de la rue du Rempart; cette construction est faite de lits alternatifs de briques romaines et de pierres, surtout dans la partie la plus proche du sol.

Comme nous l'avons déjà dit, les Vendéens entrèrent au Mans le 10 décembre 1793, l'armée républicaine les en chassa le 12 du même mois, après une sanglante bataille; on s'empressa aussitôt de déblayer les rues, et 95 tombereaux transportèrent sur la place des Jacobins 2,000 cadavres que l'on jeta dans deux larges et profondes fosses.

Le marché aux bestiaux se tient le vendredi sur la place des Jacobins.

En 1834, le percement de deux *puits artésiens*, l'un au carrefour de l'Étoile, et l'autre sur la place des Jacobins, n'a pas réussi.

La place des Jacobins est entourée de l'Hôtel de Ville, de la Cathédrale, du Lycée impérial, de l'Évêché, de la Salle de spectacle et d'une belle Promenade.

Hôtel de Ville.

L'Hôtel de Ville actuel a été édifié en 1757 sur les ruines de l'ancien Palais des comtes du Maine et de l'Hôtel de la Monnaie. Les vieux pans de murs que l'on voit encore sont bâtis en petites pierres carrées, à l'usage des Romains, et percés de fenêtres à plein-cintre, qui semblent indiquer que cette construction est du xe siècle.

[1] Les Jacobins, ou frères prêcheurs, de l'ordre de saint Dominique, bâtirent leur monastère vers 1215.

[2] Les Cordeliers, ou frères mineurs, de l'ordre de saint François, s'établirent au Mans en 1231. Geoffroy de Laval, Pierre de Longueil, et le poète Robert Garnier, furent enterrés dans l'église de ces religieux.

La cour de l'Hôtel de Ville, qui fait face au marché de Saint-Pierre, est fermée par une belle grille en fer.

Dans cet édifice se trouvent les salles du conseil, du tribunal de simple police, de la Société d'agriculture, sciences et arts de la Sarthe, de la bibliothèque de cette société, de la musique municipale, les bureaux de la mairie, des trois commissaires de police, des trois juges de paix, de la caisse d'épargne, etc.

École mutuelle.

Près de l'Hôtel de Ville, sur la place Saint-Pierre [1], où se tient le marché aux légumes, se voit les restes de l'ancienne église de Saint-Pierre-de-la-Cour qu'on a approprié à l'établissement de l'École mutuelle [2]. Cette église, construite en 969, fut détruite au XIe siècle, rebâtie en 1093, par Hélie de La Flèche, renversée de nouveau; Henri II, roi d'Angleterre, la réédifia en 1175 et la reine Bérengère y fit de nombreuses augmentations. Dans la partie près du sol on remarque des assises de briques et de petites pierres carrées placées avec symétrie.

Près de là se trouve la Salle d'Asile, créée en 1834; elle est destinée à recevoir, pendant le jour, les enfants des ouvriers, tandis que les parents vaquent à leurs travaux; une autre Salle d'Asile est aussi établie dans le quartier du Pré. Elles recueillent toutes deux près de 500 enfants de 2 à 6 ans.

Cathédrale.

La Cathédrale du Mans, qui est une des plus belles églises de France, possède encore des vestiges de sa haute antiquité. Ce monument est le plus vaste, le plus beau, le plus important

1 Au-dessous de cette place se trouve celle du Gué-de-Maulny, où se vendent, le vendredi, les volailles, le beurre, etc.; elle a été faite en 1743, sur l'emplacement d'une chapelle de ce nom.

2 Depuis 1815, les frères de la doctrine chrétienne sont établis au Mans, rue Saint-Martin, et instruisent gratuitement les enfants pauvres.

et le plus ancien du département de la Sarthe. Nous ne parlerons point de tous les changements qui se sont opérés dans sa construction depuis son origine jusqu'à ces derniers temps, ni des dévastations et incendies dont il a tant souffert.

Cette basilique, dit Richelet, « occupe une superficie d'environ 5,000 mètres en y comprenant les murs et les supports. La nef forme un parallélogramme rectangle d'une longueur de 58 mètres sur 24 de largeur, y compris les bas-côtés, qui sont séparés du corps principal par un double rang de colonnes massives. La longueur transversale de la croix est de 59 mètres, et sa largeur d'environ 10 mètres. Le chœur avec ses latéraux, divisés par un rang circulaire de colonnes, présente une largeur de 32 mètres sur 44 de longueur; la hauteur de la grande voûte, sous clef est de 34 mètres. Onze chapelles, ayant environ 11 mètres de profondeur, et celle du fond 18, sur 5 de largeur, occupent le pourtour du chœur. Enfin la totalité de l'édifice offre, dans œuvre, du grand portail d'entrée à l'extrémité de la dernière chapelle, une longueur d'environ 130 mètres. »

Parmi les objets les plus curieux qui se trouvent dans cette église, on cite les chapitaux des colonnes de l'intérieur de la nef, où sont des figures monstrueuses et imaginaires; la porte de la tour, qui est du XIIe siècle; l'orgue, la fenêtre où se montre la grande rosace si remarquable par la richesse de ses découpures et la délicatesse du travail. Sur ces vitraux, on reconnaît Pierre de Savoisy, le cardinal Filatre, un roi de Sicile, un prince de la maison d'Anjou et deux reines; dans ceux placés autour du chœur, on voit un seigneur et une dame de Laval, un pape, Gauthier de Baignaux, etc. En 1858, un orage épouvantable, accompagné de grêlons énormes, a brisé une partie de ces belles verrières; l'Empereur, à son retour d'un voyage de Bretagne, passant par le Mans, promit d'envoyer des verrières de Sèvres pour les remplacer.

En 1821, on a transporté de l'ancienne abbaye de l'Épau, fondée en 1229, dans la Cathédrale, le tombeau de la reine Bérengère. On voit aussi dans la chapelle des fonts baptismaux le sarcophage et la statue en marbre blanc de Charles IV d'Anjou, comte du Maine, roi de Jérusalem et de Sicile, mort en 1492, et le mausolée de Langey du Bellay; on attribue ces belles sculptures à Germain Pilon; dans une autre chapelle est un sépulcre remarquable sculpté par Gervais Labarre, en 1610; la chapelle *Auxilium Christianorum* mérite aussi d'être visitée, ainsi que la porte de la sacristie, faite des débris d'un magnifique jubé détruit en 1769; enfin le portail en face de la Grande-Rue, qui est du XIe siècle, est digne d'attention; on y remarque le Père éternel, les quatre évangélistes et les douze apôtres.

Nous ne parlerons point de l'escalier dit *monumental* et de sa fontaine, qui sont loin de répondre à ce qu'on était en droit d'attendre de l'habileté de l'architecte.

Lycée impérial.

Claude d'Angennes, évêque du Mans, fonde, en 1599, au presbytère de la paroisse de Saint-Ouen, un séminaire-collége, dont la direction est confiée, en 1624, aux Oratoriens; leur église était dans l'origine celle d'un hospice destiné aux pèlerins qui venaient faire leurs dévotions dans la Cathédrale; elle avait été édifiée par l'évêque Herlemond Ier, vers 720. Cette église fut rebâtie en 1675, l'ancien corps de logis fut construit en 1687.

Le grand bâtiment où se trouvent la salle des Actes et les classes a été élevé en 1751; d'importantes constructions ont encore été faites il y a quelques années.

L'ordre des Oratoriens subsista jusqu'à la révolution; en 1793, lors de la déroute de l'armée vendéenne, plus de 600 de ces malheureux, hommes, femmes et enfants furent enfermés dans ces divers bâtiments. Depuis, ce monument est devenu collége communal, et enfin, en 1851, Lycée impérial [1]. Les salles d'études sont spacieuses, bien éclairées,

[1] Indépendamment du Lycée, il y a deux bonnes pensions au Mans, l'École supérieure, située Grande-Rue, et la pension de M. Fouqué, rue Auvray.

bien aérées, les cellules des dortoirs sont commodes et les cours assez vastes; mais on reproche à ce bel édifice son entrée dérobée et de difficile accès, la petitesse de la salle des Actes et ses corridors trop étroits.

Il y a quelques années, on a découvert dans le jardin du Lycée une grande quantité de pièces romaines.

Un singulier usage était établi autrefois dans cette maison : les évêques du Mans étaient portés de l'église de l'Oratoire à la Cathédrale sur les épaules de quatre barons de la province, lors de leur entrée solennelle.

Palais épiscopal.

Le Palais épiscopal actuel est construit sur l'emplacement qu'occupait autrefois l'Hôtel de Tessé, bâti au XVIIe siècle (Marie de Médicis y logea en 1614). Plus tard, on en fit un petit séminaire où l'on enseignait la rhétorique, la philosophie et même les humanités, puis une caserne, en 1833, et enfin, en 1844, on détruisit tous les bâtiments pour édifier le bel évêché, dans le goût du moyen âge, que l'on y voit aujourd'hui, sur les dessins de M. Delarue.

Presque en face de ce monument sont placés le marché aux porcs et les bassins qui conduisent l'eau par des tuyaux souterrains dans les divers quartiers de la ville.

Salle de spectacle.

Jusqu'au milieu du XVIIIe siècle, Le Mans n'avait pas de Salle de spectacle; on jouait la comédie dans un des vastes appartements d'une maison de la Grande-Rue, lequel ne pouvait contenir que 250 personnes. Vers 1775, M. Chesneau-Desportes organisa une société d'actionnaires pour la création d'une Salle de spectacle; on la bâtit de suite, ainsi que le café qui est à côté, sur un terrain dépendant de l'Hôtel de Ville, et le 27 mai 1776 elle fut inaugurée; elle ne sert plus aujourd'hui que pour les bals de noces, bals masqués, fêtes d'ouvriers, etc. Après le décès du dernier actionnaire, elle appartiendra à la ville.

La nouvelle Salle de spectacle, construite dans le quinconce de la promenade des Jacobins, est élégante et gracieuse, c'est un des beaux monuments de notre ville. La pensée en appartient à l'administration de M. Basse, l'exécution en a été confiée, en 1839, au talent de M. Delarue, architecte du département de la Sarthe, et elle a été inaugurée le 13 mai 1842.

La façade principale, celle donnant sur la place des Jacobins, a 32 mètres de longueur sur 16 de hauteur. Le théâtre a 19 mètres de largeur sur 13 de profondeur ; la salle peut contenir 900 personnes.

Le joli foyer a 30 mètres de longueur, 7 de largeur et 7 de hauteur, à chacune de ses extrémités on voit une cheminée de marbre de Sablé, aussi beau que le marbre du midi.

Les fraîches et charmantes peintures de la Salle de spectacle et tous les décors ont été faits par Cicéri.

Musée des monuments historiques.

Sous le théâtre de la nouvelle Salle de spectacle on a créé un Musée des monuments historiques qui est ouvert au public tous les dimanches, depuis midi jusqu'à 4 heures. En s'adressant au concierge, on peut y être admis pendant la semaine. On trouve dans ce Musée divers débris d'antiquités gallo-romaines, franques et mérovingiennes ; les bustes de Pierre Seguier, de Chappe, de Matthieu de Vendôme, de Ronsard, du maréchal de Mailly, du général Négrier, etc. ; plusieurs reliefs en marbre blanc ; les blasons des échevins de la ville du Mans ; les portraits en pieds de Jean III de Beaumanoir et de Catherine Carmain ; des autographes du marquis de Lavardin, du seigneur de Labretesche, du comte de Tressan ; des armures ; plusieurs statues en bois, dont une de Louis XIV qui est mutilée ; le fauteuil de la marquise de Montespan, etc.

Promenade des Jacobins.

Près de la place des Jacobins se trouve un vaste parallélogramme rectangle en gazon entouré d'une double rangée de tilleuls et couronné de belles terrasses étagées, c'est la Promenade des Jacobins. Tous les étrangers qui visitent la ville du Mans s'étonnent avec raison de la voir si solitaire. On se demande pourquoi le public se porte plutôt sur la route de Paris et vers la Gare, et pourquoi les élégantes de la cité préfèrent ces lieux couverts de poussière à l'ombrage d'une des plus jolies promenades de France.

Cette promenade a été faite en 1791 dans les anciens enclos des religieux des Jacobins et des Cordeliers; on découvrit dans la partie appelée les Arènes les débris d'un vaste amphithéâtre romain pouvant contenir plus de 700 personnes, des amphores, etc.

Jardin d'Horticulture.

Une Société d'horticulture existe au Mans depuis 1851; elle a pour but d'encourager la culture des plantes indigènes les plus remarquables, de favoriser l'introduction et la naturalisation des plantes exotiques. Cette société a acheté un terrain, en 1856, dont elle a fait un assez joli jardin, que le public peut visiter en payant 50 centimes d'entrée.

Ce jardin est situé rue Prémartine, près la Promenade des Jacobins.

On se rend de la place des Jacobins au Séminaire, par les rues de l'Évêché, de Saint-Vincent [1], *de l'Abbaye-de-Saint-Vincent.*

Séminaire.

Depuis 1815 le Séminaire est placé dans l'ancienne abbaye de Saint-Vincent, fondée en 572, par l'évêque S. Domnole; cette abbaye fut plusieurs fois ruinée et rétablie. Douze évêques y choisirent leur sépulture.

En 1188, Hubert, seigneur de La Guierche, légua à l'abbaye de Saint-Vincent son bois de Blandean et « *sa*

[1] Dans cette rue se trouvent l'École normale et une succursale du monastère de l'Adoration perpétuelle du Saint-Sacrement.

grande marmite de cuivre, pour cuire les mets des moines, afin que l'ayant sans cesse sous les yeux, ils se souvinssent de lui. » Il leur donna encore un millier de harengs-saurets chaque année, le premier lundi de carême, pour qu'ils fissent son anniversaire.

En 1636, ce monastère fut habité par les religieux réformés de Saint-Maur, qui l'abandonnèrent en 1790 après l'avoir illustré par leur piété, leur science et leurs travaux. De 1793 à 1815, il servit de caserne et enfin on y établit le Séminaire comme nous l'avons dit plus haut. L'ancienne église du XIIe siècle fut démolie, vers 1813, ainsi que le cloître bâti en 1737 ; elle est remplacée par une chapelle d'une architecture lourde, irrégulière et de mauvais goût ; un bas-relief sculpté sur le fronton, représente une ordination ; à l'intérieur ce monument est assez joli.

Les vastes constructions du Séminaire ont été faites en 1690, 1736, 1759 et 1846 ; il y a dans l'intérieur de belles salles voûtées et un escalier d'une coupe élégante et hardie.

La bibliothèque du Séminaire se compose de 16,000 volumes.

On se rend du Séminaire à l'établissement des Petites-Sœurs des pauvres et au monastère de l'Adoration perpétuelle du Saint-Sacrement, par les rues Germain-Pilon et de la Croix-de-Pierre.

Établissement des Petites-Sœurs des pauvres.

En 1854, Mme la baronne Dejean a fait don à la ville du Mans d'une maison destinée aux Petites-Sœurs des pauvres, rue des Maillets, 14 ; elles y ont été installées le 14 avril de la même année. Cette institution, comme on sait, est une des plus admirables que le génie de la charité[1] ait produites en France. Tous les vieillards qui se présentent à

1 Parmi les institutions charitables, qui sont si nombreuses et si fécondes en bonnes œuvres dans la ville du Mans, nous citerons :

L'*Œuvre de l'hôpital.* — C'est une société de dames qui viennent

leur asile, y sont reçus en se procurant un lit de fer de la valeur d'environ 20 francs.

Monastère de l'Adoration perpétuelle du Saint-Sacrement.

Les religieuses de l'Adoration perpétuelle du Saint-Sacrement tiennent pension de jeunes demoiselles et de dames. Dans l'emplacement de ce monastère il existait autrefois un couvent de capucins.

On se rend de la place des Halles à l'église de la Couture et à la Préfecture, par les rues des Minimes, de Saint-Julien-le-Pauvre et de la Préfecture.

au secours des familles malheureuses dont le chef a été obligé d'entrer à l'hôpital.

Le *Bureau de bienfaisance.* — Il donne du pain, du bouillon, de la viande, des médicaments, et prête du linge et des vêtements. Il secoure 5,000 indigents. Huit sœurs de Saint-Vincent-de-Paul sont chargées de la distribution des secours.

La *Filature de charité.* — La ville fait acheter des poupées de chanvre qu'elle donne à filer à toutes les femmes qui en demandent, moyennant un salaire suffisamment encourageant. Le nombre des fileuses est de 500 à 600.

La *Société de Saint-Vincent-de-Paul.* — Elle secoure environ 200 familles.

Les *Petites Ouvrières des pauvres.* — Les dames qui composent cette institution sont tenues de fournir chaque année, pour les pauvres, plusieurs vêtements qu'elles confectionnent elles-mêmes.

L'*Association des enfants de Marie.* — Cette association, composée aussi de dames de la ville, visite à domicile les pauvres et leur donne des secours de toute nature.

La *Société de charité maternelle.* — Cette société s'occupe principalement des femmes pauvres en couches et de leurs jeunes enfants; elle donne des soins et des secours aux mères et aux enfants.

Les *Sœurs de la miséricorde* se livrent aux exercices de piété, soignent et gardent les malades.

Église de la Couture.

Saint Bertrand, évêque du Mans (587 à 624), fonde en 595 le monastère de la Couture et le dote d'une partie des biens considérables que possède son évêché. A la fin du IXe siècle, les Normands le ruinent de fond en comble, et le terrain qu'il occupe est mis en culture ; mais, vers la fin du Xe siècle, Hugues Ier, comte du Maine, le fait rebâtir et le dote, ainsi que plusieurs évêques et un grand nombre de seigneurs de la province. Cette abbaye, de l'ordre de Saint-Benoît, congrégation de Saint-Maur, parvint à posséder plus de quatre-vingts cures dans le diocèse, un grand nombre de prieurés, de chapelles, dîmes et droits seigneuriaux dans plusieurs paroisses, fruits de dons, concessions et autres libéralités. Plusieurs évêques ont été enterrés dans ce monastère.

L'église de la Couture ayant été vendue et démolie à la révolution, la chapelle des religieux de l'abbaye dont nous venons de parler, a servi, depuis, d'église paroissiale. Le chœur et les bras de la croix sont du XIe siècle ; les chapelles, les voûtes, une partie des piliers de l'intérieur, la nef et deux tours carrées appartiennent au XIVe siècle. Sur le linteau de la porte, on a représenté le jugement dernier. La chapelle placée sous le chœur et dans laquelle le corps de saint Bertrand fut déposé, est très-curieuse. Il y a dans cette église un tableau de Bordier, peintre d'histoire, représentant la Vierge au temple.

Hôtel de la Préfecture.

Il est heureux qu'on ait écrit au-dessus du portail de la Préfecture : « HÔTEL DE LA PRÉFECTURE, » et qu'il y ait toujours un soldat en faction à qui l'étranger s'adresse de temps en temps pour savoir où est cet Hôtel ; sans cela, il serait exposé à ne pas le découvrir, tant il est masqué par de vieilles masures reblanchies qui ne demandent qu'à être démolies et remplacées par une belle grille en fer ; nous en dirons autant pour l'église de la Couture.

Les religieux de l'abbaye de la Couture bâtirent, en 1770, la jolie construction qui sert aujourd'hui d'Hôtel de la Préfecture ; on remarque à l'intérieur un grand escalier en pierres éclairé de haut en bas par une seule croisée.

Les bâtiments de la Préfecture renferment le logement du préfet, ses bureaux, ceux de l'inspecteur de l'académie, du télégraphe; une salle pour le conseil général; plusieurs autres salles pour les archives départementales, la bibliothèque de la ville, un musée de tableaux, d'antiquités, de minéralogie, etc.

Musée.

Le Musée est ouvert au public les dimanches, jeudis et vendredis, de 10 heures à 3 heures. Il renferme des antiquités gauloises, romaines, franques, égyptiennes, chinoises, etc.; on remarque un portrait en cuivre émaillé de Geoffroy le Bel, une statuette de femme assise sur un tronc d'arbre, une momie, des armoiries, des mammifères, oiseaux, reptiles, poissons, objets d'anatomie, produits de végétaux, minéraux, roches, animaux invertèbres, fossiles, insectes, coquilles, polypiers, etc.

Notre Musée possède des tableaux de L. Mannozy, d'Albert Durer, de Carles Wanloo, de Téniers, du Guide, de Franck, d'Hennequin, de Leroi, de Bitter, de Vander Meulen, de l'Albane, de Léonard de Vinci, de Jouvenet, de Jeanron, de Monanteuil, de Sorieul, etc.; divers tableaux des écoles flamande et vénitienne, plusieurs autres par Boisnard, Marc Duval, Jolivard, peintres sarthois; ceux qui méritent le plus de fixer l'attention sont : *La Vierge tenant l'enfant Jésus, le Jugement dernier, l'Alchimiste, l'Adoration des Mages, le Tintoret et sa fille, Diane de Poitiers aux genoux de François Ier, la Sainte Famille, le retour de l'Enfant prodigue, saint Sébastien, la bataille du Mans en* 1793, *la préparation de la croix, une religieuse tenant une crosse*, plusieurs paysages, etc. Il y a aussi seize tableaux faits d'après le *Roman comique* de Scarron; ces peintures sont très-médiocres.

Le célèbre Eugène de Pradel, à son passage au Mans, en 1828, a improvisé la pièce suivante; c'est une physiologie statistique du Mans et de ses environs :

En fait d'esprit, je suis gourmet habile;
Comme gourmand, je fais cas des marrons;
Or, on conçoit mon goût pour cette ville,
Où s'alluma la verve de Scarron.
De Saint-Michel, la place un peu gothique,
Fut l'atelier de ses tableaux charmants,
Et, quand on rit à son Roman-Comique,
On doit garder le souvenir du Mans.

Ressuscitant de la chevalerie
Les jours naïfs, le triomphe éloigné,
Le bon Tressan, qui vous doit sa patrie,
Par ses récits enivrait Sévigné.
Aux vieux manoirs des campagnes voisines,
Il empruntait ses magiques romans.....
Grâce aux amours de ses Belles-Cousines,
On doit garder le souvenir du Mans.

Mais Saint-Julien, devant ta basilique,
Avec respect mon front s'est incliné !
Que j'aime à voir ta nef mélancolique,
Ton chœur profond d'ogives couronné ;
Piliers géants, broderies en spirale,
Riches vitraux parsemés d'ornements.....
Quand on pria dans votre cathédrale,
On doit garder le souvenir du Mans.

Du fier Richard, la veuve délaissée,
Que les saints lieux ont vu prier, souffrir,
Tournant au ciel sa pieuse pensée,
Loin des grandeurs, ici voulut mourir.
Que du cerceuil la planche soit légère
A ces débris de royaux ossements !.....
Pour le tombeau que choisit Bérengère,
On doit garder le souvenir du Mans.

Dans ces sentiers, en vain tu te hasardes,
Me dira-t-on, prends un luth moins chagrin ;

Tu dois plutôt célébrer nos poulardes,
Comme l'eût fait un Brillat-Savarin.
Des bons morceaux ma muse est trop amie,
Pour refuser un refrain aux gourmands ;
Et, pour l'honneur de la gastronomie,
On doit garder le souvenir du Mans.

D'un vaste champ, la voie est élargie;
Le progrès marche et n'ose s'égarer;
L'art, la science, et même la bougie,
Tout n'a qu'un but, c'est celui d'éclairer.
Votre cité marquera des premières
Dans cet essor de nobles mouvements ;
Pour le tribut qu'elle apporte aux lumières,
On doit garder le souvenir du Mans.

Et puis encor, de plus d'un avantage,
Sans trop d'orgueil, on tire vanité :
L'air qu'on respire est pur sur ce rivage,
Plus douce encore est votre urbanité,
Le cœur se prend à des formes polies,
Votre accueil fait rêver d'heureux moments.
Quand on a vu vos femmes si jolies,
On doit garder le souvenir du Mans.

Bibliothèque.

La Bibliothèque de la ville du Mans est ouverte au public tous les jours, de 11 heures à 3 heures, excepté les dimanches et mercredis. Elles se compose de 50,000 volumes, de 600 manuscrits et des anciennes archives de l'Hôtel de Ville. Une partie de ces ouvrages proviennent des différentes bibliothèques des maisons religieuses qui furent supprimées en 1792.

La plupart des manuscrits sont en bon état; plusieurs sont rares et intéressants; il y a aussi des ouvrages d'un grand luxe. Cette belle Bibliothèque s'enrichit chaque jour de nouvelles publications scientifiques.

On se rend de la Préfecture à l'ancienne abbaye de l'Épau, par les rues de la Préfecture, du Mouton, du Quartier-de-Cavalerie et de la route de Paris.

L'Épau.

Près de la route de Paris, au milieu de belles et fertiles prairies, se trouvait jadis l'abbaye de l'Épau, de l'ordre de Cîteaux, fondée, en 1229, par la reine Bérengère, femme de Richard Cœur de Lion; elle fut ravagée, en 1365, par les habitants du Mans, et reconstruite au commencement du xve siècle; il ne reste plus actuellement que l'église. Au xviie siècle on y remarquait un tableau qui blessait les convenances sociales et religieuses; il représentait saint Bertrand, à genoux et en extase devant la sainte Vierge, aspirant le lait qu'elle faisait elle-même jaillir de son sein découvert. En 1764, le vénérable prieur entendant les propos qu'il occasionnait, le cacha dans la sacristie. La reine Bérengère fut enterrée dans l'abbaye de l'Épau; en 1821, son tombeau fut transporté dans la cathédrale où on le voit actuellement.

On se rend de l'Épau à Notre-Dame de Sainte-Croix, par la route de Paris et la Grande-Rue-Notre-Dame.

Carmélites.

Entre l'ancienne abbaye de l'Épau et la congrégation de Notre-Dame de Sainte-Croix se trouve la communauté des Carmélites, religieuses cloîtrées de l'ordre de Mont-Carmel, établie au Mans, en 1829, par Monseigneur Carron; elles ne prirent possession de la maison qu'elles occupent qu'en 1833. Ces religieuses viennent d'édifier une nouvelle chapelle où le public est admis.

Congrégation des frères de Notre-Dame de Sainte-Croix.

Cette congrégation s'institua au Mans en 1835; son église commença à se bâtir en 1842, et fut consacrée le 17 juin 1857.

Cette maison tient pension depuis 1849; l'enseignement est le même que celui des lycées.

Il y a deux cimetières dans cet établissement, celui des frères et celui de la paroisse de Sainte-Croix, fondés en 1849.

On se rend de la congrégation de Notre-Dame de Sainte-Croix à la Visitation, par les rues de l'Éventail, de Flore [1] et de Champ-Garreau.

Visitation.

Les religieuses cloîtrées de la Visitation, de l'ordre de Saint-François de Sales, achetèrent vers 1828 un vaste terrain rue Champ-Garreau, et y élevèrent leur maison et une assez jolie chapelle où le public est admis; elles s'y établirent en 1829.

Les visitandines tiennent pension de jeunes personnes [2] et reçoivent aussi comme pensionnaires des dames âgées et infirmes.

L'ancien monastère de la Visitation était situé où est actuellement le palais de justice, les prisons, etc. (Voy. p. 10.)

Banque de France.

A l'extrémité de la rue Champ-Garreau se trouve la jolie maison bâtie par M. Mauboussin, ex-notaire, laquelle est actuellement occupée par la succursale de la Banque de France.

On se rend du carrefour de l'Etoile à la Recette générale par les rues de la Grimace et du Bourg-d'Anguy.

Recette générale.

La maison du Receveur général n'offre rien de remarquable.

[1] Sur la route de Paris, presqu'en face de la rue de Flore, se trouve une assez belle place (que l'on a tort de laisser encombrer de bois), sur le milieu de laquelle est un charmant petit jardin.

[2] Les sœurs d'Evron et de Ruillé tiennent aussi pensions au Pré, à la Couture et à Saint-Julien; deux autres pensions de dames

On se rend de la place des Halles à la Caserne, par les rues des Minimes et Basse.

Caserne.

La maison des prêtres de la Mission fut édifiée vers 1180 par Henri II, roi d'Angleterre et comte du Maine, pour y établir un hospice en faveur des malades indigents. A la fin du XIVe siècle, ces prêtres formèrent un collége de chanoines, de l'ordre de Saint-Augustin; en 1645, ils convertirent en église la vaste salle des malades; plus tard, les Lazaristes vinrent les remplacer, bâtirent la maison que l'on voit actuellement et on y plaça le séminaire; enfin, depuis 1817, elle sert de Caserne.

L'église de la Mission, qui avait été décorée à neuf en 1742, sert aujourd'hui d'écurie pour loger les chevaux du régiment de cavalerie. L'intérieur de ce monument est remarquable par la légèreté et l'élégance des colonnes sur lesquelles viennent reposer les pendentifs des voûtes.

De nouvelles constructions ont été faites depuis quelques années pour les fourrages, les manœuvres, etc., du régiment de cavalerie.

On se rend de la Caserne à l'Abattoir, par le chemin de ronde du chemin de fer, les rues N......, de Coëffort et de l'Abattoir.

Abattoir.

La première pierre de l'Abbatoir de la ville du Mans a été posée, le 28 juin 1846, par M. Trotté-Delaroche, maire, et MM. Godefroy et Platon Vallée, adjoints; des augmentations considérables viennent d'y être faites, mais elles sont encore insuffisantes pour tous les besoins du service de ce bel établissement.

Le manque d'eau se faisant de plus en plus sentir dans

laïques méritent aussi d'être indiquées; ce sont celles de Mme Bourdin et de Mme Coindon, rue de la Barillerie.

la ville du Mans, une prise a été faite dans la rivière de l'Huisne, au lieu du Gué-de-Maulny, et on a placé à l'Abattoir deux machines à vapeur, l'une de la force de six chevaux, l'autre de la force de douze qui conduisent les eaux non-seulement dans l'Abattoir, mais encore à la Gare et à presque toutes les bornes-fontaines de la ville; prochainement de nouvelles galeries filtrantes seront établies et permettront d'avoir de l'eau toujours bonne et limpide.

On se rend de l'Abbattoir à l'Asile des Aliénés, par les rues de Coëffort et du Gué-de-Maulny.

Asile des Aliénés.

Les constructions de l'Asile des Aliénés ont été commencées en 1829, d'après les plans de M. Delarue, architecte du département de la Sarthe. Cet établissement, qui ne laisse rien à désirer, se compose de huit corps de bâtiments principaux, de galeries couvertes et séparées par des promenades plantées d'arbres, une belle grande cour dont la chapelle occupe le fond, et par de beaux et vastes jardins. Les bureaux, la pharmacie, la lingerie, la cuisine, le logement des religieuses, etc., sont placés dans un grand bâtiment édifié au centre de la cour; diverses autres constructions ont encore été faites pour le directeur de l'établissement, le médecin, le receveur-économe, le concierge, les salles de bains, etc.

Les aliénés sont admis dans cette maison depuis 1834.

On se rend de l'Asile des Aliénés à la Gare, par la rue du Gué-de-Maulny et le chemin de ronde.

Gare.

La Gare, d'ordre dorique, percée d'arcades à plein cintre et couverte d'une imposante charpente en fer, offre un aspect monumental.

La grande galerie vitrée a 135 mètres de longueur sur 24 de largeur, et elle couvre quatre voies et deux larges trottoirs. Les bâtiments des salles d'attente et de bagage ont une largeur de 105 mètres. La remise à locomotives circulaire a 66 mètres de diamètre. La pierre des bâtiments a été extraite de Bernay. Tous les marbres de la Gare sont le produit des carrières de la Sarthe.

La concession du chemin de fer de l'Ouest fut faite en 1851, et il fut inauguré le 28 mai 1854; depuis cette époque, plusieurs autres constructions ont encore été faites pour loger les locomotives, les wagons et les marchandises.

La ville du Mans verra bientôt rayonner autour d'elle cinq lignes de fer qui lui donneront une grande importance; grâce à l'extension de ce nouveau mode de transport et de communication, le commerce et l'industrie de notre département auront acquis un nouvel essor.

D'élégantes maisons sont bâties près de la Gare et de nouvelles constructions se feraient encore si une belle rue en ligne directe était ouverte de la Gare à la place des Halles; malheureusement ce projet a été repoussé par le conseil municipal.

Promenade du Greffier.

A la suite de la Gare se trouve la promenade si pittoresque du Greffier; elle longe la rive gauche de la Sarthe, a des vues sur de verdoyantes prairies et sur des coteaux [1] où sont bâties de jolies maisons de campagne. En 1848, on a abattu les tilleuls qui l'ornaient et refait les allées qui étaient trop

[1] Les coteaux de Gazonfier au levant, et de Saint-Georges au couchant, offrent de tous côtés les sites les plus pittoresques, les plus riants paysages. « De ces hauteurs on voit réunis, comme dans un tableau, tous les genres de culture du département : dans les vallées qu'arrosent l'Huisne et la Sarthe, des prairies entrecoupées de longues lignes de peupliers; sur les terrains plus élevés, des moissons de toute espèce; sur les coteaux, des plans de vignes; enfin, vers le midi, des bois de pins à l'horizon. » (*Géogr. de la Sarthe.*)

étroites; son exposition à l'ouest, les nuages de moucherons, qui, pendant l'été, en couvrent les parties inférieures, sont peut-être une des causes qui en éloignent le public.

Grenier d'abondance.

L'administration municipale du Mans fait bâtir en ce moment, sur l'ancien quinconce des promenades du Greffier, en face le pont de fil de fer, les Magasins de la boulangerie ou Grenier d'abondance.

Viaduc du Chemin de fer.

La pose de la première pierre du Viaduc construit sur la rivière de la Sarthe, à la sortie de la Gare du Mans, a eu lieu le 19 décembre 1852, en présence du préfet, M. Pron, des membres du conseil de préfecture, du maire de la ville du Mans, du conseil municipal, des ingénieurs, etc.

Un procès-verbal sur parchemin, signé de tous les fonctionnaires, a été déposé dans une boîte de cuivre avec les différents types de monnaie en or, argent et billon à l'effigie de l'Empereur. La boîte a ensuite été scellée dans le massif du Viaduc.

Pont suspendu.

Le pont suspendu et à péage du Greffier a été commencé en 1847.

Pourquoi avoir placé ce pont sur le barrage de la rivière? ne dirait-on pas qu'il a été fait uniquement pour le service de l'usine à gaz? Si on l'avait édifié en face de la rue du Port et qu'on eût ainsi continué la voie qui communique en ligne directe de la place des Halles à la route du Mans à Sablé, il y aurait eu avantage pour le public, et, en même temps, agrément comme promenade.

Usine à gaz.

Cette usine a été bâtie par une société en 1841 ; les années suivantes un traité fut passé entre cette société et l'administration municipale pour l'éclairage au gaz de plusieurs de nos monuments, places publiques et rues ; un certain nombre de commerçants ne tardèrent pas aussi à se servir de ce nouveau mode d'éclairage.

Le Mans paie le gaz plus cher que dans beaucoup d'autres villes — la dépense actuelle est de 30,000 fr. par an — grâce au traité cité plus haut ; espérons que dans quelques années des conditions moins onéreuses seront faites à l'administration, et qu'elle pourra placer de nouveaux becs de gaz dans les quartiers qui en sont encore déshérités.

Port et quais.

Le 28 juillet 1839, la première pierre du port du Mans et des quais, en aval du pont Napoléon, a été posée par M. Thomas, préfet de la Sarthe, assisté de M. Basse, maire du Mans, et MM. Landel et Leprince, adjoints.

On se rend des Quais à la Halle aux toiles et aux chanvres, par les rues du Port et de la Halle.

Halle aux toiles et aux chanvres.

En 1843, M. Lebarbier, entrepreneur au Mans, commença à bâtir la Halle aux toiles et aux chanvres sur un vaste terrain cédé gratuitement à la ville par M. de Maulny.

Pour que cette Halle présentât un beau coup d'œil il aurait fallu ouvrir une place devant dans toute la largeur de la façade du monument, jusque sur la rue du Port, afin de le bien découvrir, ou en construire la façade sur le bord même de la rue.

On se rend de la place des Halles à la place de l'Éperon et à la Poissonnerie, par la rue du Cornet.

Place de l'Éperon.

La place de l'Éperon date de 1691 ; elle fut élargie en 1740. Le marché au bois s'y tient les lundis et jeudis, et celui aux légumes les vendredis.

C'est sur la place de l'Éperon qu'un engagement à la bayonnette eut lieu en 1793 entre les troupes républicaines et les troupes vendéennes ; plus de 5,000 de ces derniers furent tués ou blessés sur les places et dans les rues. Cette place paraît aussi avoir été le théâtre d'un combat particulier qui eut lieu entre Larochejaquelein et le général Marceau, combat resté sans résultat, les soldats des deux partis ayant séparé les deux illustres ennemis.

Poissonnerie. — Fontaine de Saint-Julien.

La poissonnerie fut établie sur la place de l'Éperon en 1734 ; près de là se trouve la fontaine de Saint-Julien, au-dessus de laquelle est un bas-relief représentant le prélat en habits sacerdotaux, faisant jaillir de l'eau près d'une jeune fille tenant un vase à la main. On croit que c'est avec cette eau que saint Julien baptisait les nouveaux chrétiens. Suivant le docteur Lebrun, cette eau est la moins bonne de toutes les fontaines de la ville du Mans ; elle contient beaucoup de muriate de magnésie, de chaux et de sulfate calcaire ; une autre fontaine a été établie près de là.

Hôpital général.

Près de la place de l'Éperon, on voit une autre petite place où est situé l'Hôpital général, créé en 1658 par lettres patentes de Louis XIV, et doté des biens et revenus des maladreries, léproseries, aumôneries, des Ardents, du Sépulcre, de Coulaines, etc., lesquels ont été supprimés et réunis à l'hôpital, qui acquitta toutes les charges et obligations imposées à ces établissements.

Les administrateurs de cette maison en commencèrent la

construction ainsi que celle de l'église en 1662. A côté on éleva, en 1765, d'autres bâtiments auxquels on donna le nom d'Hôtel-Dieu ; trois salles furent destinées aux malades. En 1821, le roi, sur la demande des autorités locales et du conseil général, ordonna la création d'une succursale à l'hôpital, appelée hôpital Dieudonné; une nouvelle salle fut aussi édifiée à l'Hôtel-Dieu ; enfin, en 1854, de nouvelles constructions, qui ne laissent rien à désirer dans ce genre, ont encore été ajoutées, parmi lesquelles on remarque une jolie chapelle dont la disposition permet à tous les malades d'assister aux offices sans se déranger de leurs lits ou de leurs salles. Tous ces bâtiments sont entourés de grandes cours et de beaux jardins.

L'hôpital général est divisé en deux parties : l'hôpital ou Hôtel-Dieu et l'Hospice.

L'hôpital reçoit : 1° les malades civils, hommes, femmes et enfants au-dessus de 10 ans, atteints de maladies aiguës ou blessés accidentellement ; 2° les malades indigents des communes privées d'établissements hospitaliers, lorsqu'il y a des lits vacants et moyennant le prix de journée ou de pension fixé par le préfet ; 3° les malades, blessés militaires et marins ; 4° les teigneux ; 5° les galeux ; 6° les vénériens ; 7° et les femmes enceintes.

L'hospice admet : 1° les vieillards indigents des deux sexes invalides et valides ; 2° les orphelins pauvres ; 3° les incurables indigents des communes privées d'établissements charitables, lorsqu'il y a des places vacantes, moyennant le prix de journée ou de pension fixé par le préfet ; 5° enfin les aliénés déposés par l'autorité en attendant leur transport à l'Asile.

On se rend de la place de l'Éperon à l'église de Saint-Benoît, par les rues de la Vieille-Porte et de Saint-Denis.

Église de Saint-Benoît.

Il existait anciennement un marché aux bœufs au lieu où Hugues, comte du Maine, bâtit, en 988, une chapelle en l'honneur de saint André; Hélie de La Flèche, aussi comte du Maine (1090-1110), l'augmenta, et Hildebert en fit l'église paroissiale de Saint-Benoît. Elle possède les reliques de sainte Scholastique.

Il y a dans cette église un tableau du Poussin représentant Notre-Dame de Pitié.

On se rend de l'église de Saint-Benoît au Dépôt de mendicité et à l'église du Pré, par les rues de Saint-Benoît, de la Tannerie, du Pont-Perrin ou pont Saint-Jean [1] et de Saint-Victeur.

Dépôt de mendicité.

Au VIe siècle, un monastère fut élevé sur le cimetière des premiers chrétiens de la ville du Mans; il fut détruit par les Normands au IXe siècle et reconstruit au XIe par Lezeline, femme d'une grande piété, qui y plaça des bénédictines; d'autres constructions ont été faites depuis à diverses époques. En 1821, cette maison était habitée par des religieuses du Sacré-Cœur, et, en 1854, elle a été convertie en Dépôt de mendicité.

Église de Notre-Dame du Pré.

La chapelle des religieuses de l'abbaye de Notre-Dame-du-Pré, qui sert actuellement d'église paroissiale, fut bâtie au XIe siècle ; c'est un des plus anciens et des plus intéressants monuments de la ville du Mans. Il a la forme d'une croix latine avec bas-côtés ; son portail cintré offre des colonnes grêles adossées, imitant l'ordre corinthien (on vient de restaurer la façade de cette église). Les murs latéraux et ceux du bas de la croix ont été faits avec de petites pierres

[1] La première pierre de ce pont fut posée en 1560 par Jacques Tarou, lieutenant-général en la sénéchaussée du Maine. De ce pont on voit, à gauche, celui qui porte le nom de Pont-Napoléon, construit en 1809. Les excavations nécessitées pour les fondations firent découvrir plus de 2,000 fragments de poteries romaines; une partie furent déposées au musée.

carrées à la manière des Romains. L'intérieur offre partout l'emploi du style roman.

Saint Julien fut enterré dans cette église; saint Aldric, au IXe siècle, le fit transporter à la cathédrale.

L'administration municipale du Mans espère prochainement faire restaurer ce monument, qui se détériore dans plusieurs de ses parties.

On se rend de l'église de Notre-Dame-du-Pré à l'église de Saint-Pavin, par les rues Ducré, Montoise, Saint-Pavin-des-Champs et du Pavé.

Église de Saint-Pavin.

Les murs de l'église de Saint-Pavin offrent des parements en petit appareil, avec des rangs de briques; sa construction remonte évidemment au XIe siècle. On remarque à l'intérieur les vestiges d'un cercueil en pierres coquillère qu'on croit être celui de saint Pavin, mort dans le VIe siècle.

Saint Pavin avait été envoyé dans cette contrée par saint Domnole, évêque du Mans (560 à 582), pour diriger l'hospice qu'il venait de créer.

On se rend de l'église de Saint-Pavin au Bon-Pasteur, par les rues des Mûriers, des Perrons, Montoise, du Sépulcre, place du Pré, rues des Noyers, de la Douelle, du Pré, des Gripponnières et de la Blanchisserie.

Bon-Pasteur.

La maison de pénitence du Bon-Pasteur, destinée à offrir un refuge aux filles d'une mauvaise conduite, a été établie, en 1833, par l'évêque Carron. On y reçoit aussi les malheureuses petites filles qui ont perdu leurs parents; elles y sont nourries, soignées, formées à la vertu; on leur enseigne un état et on leur procure une condition qui les sauve de la misère et du vice.

On se rend du Bon-Pasteur au Grand-Cimetière, par les rues de la Blanchisserie et de la Digue.

Grand-Cimetière.

Le Grand-Cimetière [1] a une superficie de plus de cinq hectares; son sol est de sable siliceux presque pur, de gravier et de cailloux roulés, conditions très-propres à la prompte destruction des corps. Il est entouré de murs, une grande porte sert d'entrée principale, ses larges allées sont bordées de verdures et de hauts peupliers. De cet asile des morts on voit à quelques pas la Sarthe roulant ses eaux limpides et transparentes, et un peu plus loin la commune de Coulaines, puis la ville qui se présente en amphithéâtre; le Séminaire, le Lycée, la Cathédrale, l'église du Pré et le dôme de la Visitation dominent toutes les autres constructions.

Ce cimetière fut créé en 1833 et béni en 1834; il y a de belles chapelles, de jolis tombeaux ornés de petits jardins, plantés d'arbustes et couverts de fleurs. « Tristes solitudes, dit un écrivain, arrosées de nos larmes, couvertes de tombes, ombragées de saules aux longs rameaux et de cyprès funèbres, où, chaque jour, viendront se presser nos parents, nos amis et nous-mêmes, et où l'on ne voit partout que des marbres portant ces invariables mots :

« CI-GIT. »

Anciennes maisons.

Place du Château. — Maison du XVIIe siècle.

Parvis Saint-Julien. — N° 1, construction du temps de François Ier ou de Henri II.

N°s 2 et 5, grande maison de la fin du XVIIe siècle.

Place Saint-Michel. — N° 1, cette maison a été habitée par Scarron.

Le mardi gras de 1638 [2], l'abbé Scarron, âgé de 27 ans,

[1] On l'appelle ainsi pour le distinguer des cimetières de Sainte-Croix, de Saint-Pavin et de Saint-Georges.

[2] Anciennement les tanneurs et mégissiers étaient obligés de se

l'auteur du *Roman comique*, poussé par la gaîté originale de son esprit, et voulant « réjouir outre mesure cette bonne ville du Mans dont il était l'âme, dit Alexandre Dumas, s'était fait frotter de miel par son valet ; puis ayant ouvert un lit de plume, il s'était roulé dedans ; de sorte qu'il était le plus grotesque volatile qu'il fût possible de voir. Il s'était acheminé dans cet étrange costume sur la route de Pontlieue, et faisait des visites à ses amis et amies. On avait commencé par le suivre avec ébahissement, puis avec des huées, puis les crocheteurs l'avaient insulté, puis les enfants lui avaient jeté des pierres, puis enfin il avait été obligé de prendre la fuite pour échapper aux projectiles. Du moment où il avait fui, tout le monde l'avait poursuivi, pressé, traqué, relancé de tout côté »; Scarron, pour échapper aux regards de son escorte, et n'être pas reconnu, se jeta dans la rivière de l'Huisne, sous une des arches de l'ancien pont. Il nageait comme un poisson, mais l'eau était glacée ; il était en sueur, le froid le saisit; en atteignant l'autre rive, il devint perclus de ses membres pour le reste de ses jours.

Rue des Chanoines.— N°s 2 et 24, vestiges de l'église fondée par saint Aldric, et maison du XVIIe siècle. N° 11, c'est une des plus intéressantes constructions de notre vieux Mans : c'est le reste de l'ancien prieuré de Saint-Martin, autorisé

réunir le mardi gras, à une heure après-midi, à la Couture, pour tirer la bille, jeu qui consistait à renvoyer une balle avec des bâtons armés de massues. Bientôt les joueurs se dirigeaient vers Pontlieue, poursuivant la balle jusqu'au pont. Le juge du comté du Maine ou son représentant, en robe noire, précédé d'un trompette et accompagné du greffier et des huissiers du tribunal, traversaient la foule des curieux et des masques, et allaient dans une auberge dresser procès-verbal. Le propriétaire de l'auberge devait servir au magistrat un pâté de crêtes de coq, deux bouteilles de vin de Beaugency et quatre pains mollets.

Tous les ans, le mardi gras, on se porte encore en foule sur la route de Pontlieue, les uns pour étaler le luxe de leurs équipages, les autres pour se promener et d'autres enfin pour voir; mais les masques ont presque complètement disparu.

par le roi Théodebert, l'an 575; il y a 600 ans environ, l'église, perdant sa destination première, avait été convertie en maison particulière. Au dernier siècle, elle appartenait au chapitre de la cathédrale; c'est aujourd'hui la propriété d'un brasseur.

On cite encore les maisons portant les Nos 25 et 27.

Grande-Rue. — Nos 7, 9, 12 et 18, maisons en bois. Des écrivains prétendent que celle qui porte le No 12 a été habitée par la reine Bérengère; d'autres soutiennent que c'est impossible, la construction de ce bâtiment appartenant au xve siècle.

No 42, cette maison dont l'un des angles est soutenu par une colonne corinthienne, porte le nom de *Pilier-Rouge.*

No 69, un bas-relief placé au-dessus de la porte d'entrée de cette maison, représente Ève offrant la pomme au bout d'un bâton à Adam, dans le paradis terrestre. Ces dessins sont faits avec assez de goût.

Place du Gué-de-Maulny. — Grande maison connue sous le nom d'*Hôtel du Louvre.*

Rue des Poules. — No 12, maison construite au xviie siècle.

Rue de l'Orée (autrefois rue Dorée). — Ancienne maison épiscopale.

Dans les rues de Saint-Pavin-la-Cité, de Gourdaine et de la Tannerie, on remarque encore quelques vieilles maisons en bois assez curieuses.

ANTIQUITÉS GAULOISES

Un peulvan qui se trouvait sur la place Saint-Michel est actuellement adossé à la cathédrale ; il a 4 mètres 55 centimètres de hauteur sur 1 mètre 30 centimètres de largeur à sa base. Près de là on remarquait aussi un dolmen que les chanoines firent détruire en 1700. En 1426, le comte de Suffolck avait fait exécuter sur cet autel druidique un certain nombre d'habitants qui avaient livré la ville aux Français. Enfin, un peulvan se voyait aussi dans la rue appelée *Pierre de Tucé*. On croit que les peulvans représentaient les dieux des Gaulois et que c'était sur les dolmens qu'ils faisaient les sacrifices humains.

AQUEDUCS ET BAINS ROMAINS

Les vestiges des aqueducs que l'on découvre aux environs de la ville du Mans sont l'œuvre des Romains ; ils servaient à leur procurer de l'eau pour leurs besoins ordinaires et pour les bains dont ils faisaient un si fréquent usage.

Un de ces aqueducs partait des Fontenelles, en Sargé, à trois kilomètres du Mans, et se rendait entre les rues des Chapelains et de Gourdaine ; un autre conduisait les eaux de Monet dans celui des Fontenelles. Ils alimentent aujourd'hui le ruisseau qui traverse le bourg de Coulaines.

Un aqueduc a aussi été remarqué sur la commune de Rouillon ; un autre près de l'ancien couvent de Beaulieu, etc. ; enfin les restes d'un autre aqueduc qui a dû être détruit, du IVe au IXe siècle de notre ère, ont été retrouvés à Isaac ; on l'a réparé en différents endroits et refait entièrement dans d'autres. Ces eaux alimentent aujourd'hui les bornes-fontaines de la place du Château, de la place des Jacobins, de l'Évêché, de la Grande-Rue, de la place Saint-Pierre, de la Cigogne et de la Poissonnerie. Ces aqueducs sont faits d'une espèce de béton en chaux mélangée de sable, de cailloux et de fragments de petites pierres calcaires.

On a découvert des salles de bains dans les rues de Gourdaine et de la Tannerie; elles servent actuellement de caves dans plusieurs maisons.

F. Girault a fait, sur le quartier de Gourdaine, les vers suivants :

Là, dans un air gonflé de miasmes fétides,
L'ignoble courtisane, aux caresses perfides,
Attend à sa fenêtre, et, vendeuse d'amour,
Met son corps à l'enchère à chaque instant du jour!.....
— Lis au ruisseau tombé, fleur par le ver rongée,
Et qu'un amour trahi dans le vice a plongée
Bien souvent; pauvre fille, ange fait pour aimer,
Oh! je te plains autant que je dois te blâmer!
Le cancer du remords, sous ta robe de soie,
Enlaidit sur ton front ta grimaçante joie :
— Madeleine lascive, errante à l'abandon,
Pour toi ce monde froid est mort à tout pardon;
Jamais il n'a compris, dans son lâche anathême,
Qu'un repentir fervent est un second baptême :
Tu faillis une fois, — ton honneur est perdu :
Dans un bourbier sans fond ton pied est descendu;
Tu mourras là, victime à la honte attachée;
Lui pourra savourer sa débauche cachée,
En te poussant au crime, et puis rire aux éclats
Devant ton échafaud : — la loi ne l'atteint pas!.....
. . . .

Voies romaines.

Les Romains, pour parcourir la Gaule, se sont servis de la plus grande partie des routes gauloises, seulement ils les ont mises en meilleur état. Ces voies ont subi de si grandes altérations, depuis que les Francs ont chassé les Romains de nos contrées, qu'il est difficile aujourd'hui d'en bien suivre les traces; nous ne pouvons que nous en rapporter aux anciennes cartes et aux ouvrages qui en ont fait mention; huit voies partaient du Mans :

1° La première se rendait à Tours; un premier embranchement situé à Pontlieue conduisait à Bourges; un deuxième partait du premier, entre Challes et Ardenay, et menait à Orléans;

La deuxième allait à Châteaudun; entre Connerré et Le Luart, il existait un embranchement qui menait à Chartres;

La troisième conduisait à Évreux;

La quatrième à Rouen;

La cinquième à De Vieux;

La sixième à Jublains;

La septième à la cité d'Erve; un embranchement situé entre Saint-Georges-du-Plain et Allonnes menait à Nantes;

Enfin la huitième à Angers; un embranchement près d'Arnage conduisait à Poitiers.

Fortifications.

Sous les Romains, la ville du Mans avait environ 220 toises de longueur sur 100 de largeur. L'enceinte, qu'on croit être du IIIe siècle, commençait à l'angle de la porte d'Anille, descendait en ligne droite vers la rivière, s'avançait ensuite entre les rues des Chapelains et de Gourdaine jusqu'au-dessous de la Poterne où elle formait un angle pour aller rejoindre l'église de Saint-Pierre-de-la-Cour, regagner ensuite la rampe de la place des Jacobins et le point d'où nous sommes partis, en passant sous les chapelles de la cathédrale. Ces murailles existent encore en grande partie.

Vers 1064, Guillaume le Conquérant, qui s'était emparé trois fois de la ville du Mans, bâtit un château hors de cette première enceinte et l'entoura de murailles, qui formèrent un premier accroissement. A la fin du XIe siècle, Hélie de La Flèche éleva les fortifications des Bas-Fossés, de la porte de la Cigogne et enferma de murs le quartier de Saint-Benoît; ses murs avaient sept pieds d'épaisseur. Enfin Philippe-

Auguste (1202), joignit à la ville le quartier de Gourdaine jusqu'au tertre Maigret en descendant jusqu'au bord de l'eau et longeant la rivière jusqu'au Pont-Yssoir; ces constructions resserrèrent la Sarthe dans un lit plus étroit.

DES PAROISSES

En 1789, il y avait au Mans et dans les faubourgs seize paroisses, savoir : Saint-Gilles, Saint-Pierre-de-la-Cour, le Crucifix, Saint-Nicolas, la Couture, Saint-Pavin-de-la-Cité, Saint-Pierre-le-Réitéré, Saint-Benoît, Gourdaine, Notre-Dame-du-Pré, Saint-Hilaire, Saint-Jean-de-la-Cheverie, Saint-Germain, la Madeleine, Saint-Ouen et Saint-Vincent. La Révolution ayant détruit une partie de ces monuments, la ville du Mans ne se composa plus que des paroisses de Saint-Julien, de la Couture, du Pré et de Saint-Benoît.

En 1854, les communes de Sainte-Croix, de Saint-Pavin et de Saint-Georges furent réunies à la ville du Mans.

Monuments détruits.

Parmi le grand nombre de monuments qui existaient autrefois au Mans et dont il ne reste plus de trace, nous citerons les suivants :

Les églises de la Couture, détruite en 1793; — des Maillets, construite vers 1642; — des Filles-Dieu, consacrée en 1435, — de la Madeleine, démolie en 1793; de Saint-Germain, fondée par saint Bertrand, évêque du Mans (587-624); — de Saint-Gilles, détruite après la Révolution; — de Saint-Jean-de-la-Cheverie, démolie au XVIIIe siècle; — de Saint-Hilaire, abattue vers la même époque; — de Saint-Ouen-des-Fossés, disparue depuis longtemps; — de Saint-Nicolas, édifiée vers 1240, démolie à la Révolution; — de Saint-Pavin-la-Cité, abattue au XVIIIe siècle ; — de Saint-Pierre-le-Réitéré, détruite au commencement du XIXe siècle ; — de Sainte-Croix, disparue à la fin du XVIIIe siècle ; — l'église et le couvent des Ursulines, fondés en 1658, démolis à la Révolution ; — l'abbaye de Beaulieu et son église, fondées au XIIe siècle, détruites vers 1792.

Les hôpitaux du Sépulcre, fondé par saint Innocent (514-560); — de Gourdaine, fondé, vers le milieu du VIe siècle, par sainte Tenestine ; — de Sainte-Croix, fondé par saint Bertrand (587-624) ; — de Saint-Martin, fondé aussi par saint Bertrand ; — de Saint-Germain, fondé également par saint Bertrand ; — de Saint-Ouen, fondé par Herlemond Ier (717-730) ; — de Saint-Aldric, fondé par l'évêque de ce nom (832-857) ; — de l'Hôpitau, fondé aussi par saint Aldric ; — de Coulaines, fondé au IXe siècle ; — de Saint-Blaise, fondé par Hugues Ier, comte du Maine (987-1015) ; — des Ardents et sa chapelle, fondés par Avesgaud, évêque du Mans (994-1036) ; — de Saint-Lazare, fondé à la fin du XIe siècle, et situé à l'extrémité du faubourg de Saint-Gilles. On prétend que c'est de cet hôpital qu'est sorti l'homme qui arrêta Charles VI, en 1393, dans la forêt du Mans, et qui lui causa la frayeur qui détermina sa démence ; — de Saint-Charles, fondé, en 1731, par Froulay, évêque du Mans ; — Le beau château du Gué-de-Maulny, qui fut habité par Charles de Valois, comte du Maine.

HOMMES DISTINGUÉS

Nous n'avons pas la prétention de citer tous les hommes qui se sont fait remarquer dans le Maine, ni d'en faire la biographie ; le cadre que nous nous sommes tracé nous oblige à n'indiquer que ceux qui se sont le plus distingués dans les sciences, les arts et les lettres, et qui sont nés au Mans.

Henri II, roi d'Angleterre; né le 5 mars 1133, mort le 6 juillet 1189.

Jean le Bon, roi de France; né en 1319, mort en 1364.

Geoffroy Boussard, recteur de l'université de Paris, professeur de théologie; né en 1439, mort en 1523.

Matthieu ou Macé Vaucelle, poète, imprimeur au Mans; né le 18 janvier 1507, mort le 1er janvier 1578.

Nicolas Denisot, poète et peintre; né en 1515, mort en 1559.

Jacques Peletier, ancien principal des colléges de Bayeux et du Mans, médecin, mathématicien et littérateur; né le 25 juillet 1517, mort en 1582.

Jacques Tahureau, poète; né en 1527, mort en 1555.

François Grudé de La Croix du Maine, bibliographe; né en 1552, assassiné à Tours en 1592.

Charles Aubert, avocat, prêtre; né vers 1567.

Gervais La Barre et son fils, statuaires. On possède de ces deux artistes la scène du sépulcre que l'on voit à la cathédrale; nés en 15...

Antoine Le Corvaisier de Courteilles, conseiller au présidial du Mans, lieutenant criminel au même siége, historien; mort en 1650.

Jean Bondonnet, bénédictin, historien; né en 1592, mort le 16 mars 1664.

Pierre Trouillard de Montferré, avocat, historien; mort en 1666.

Marin Cureau de la Chambre, médecin de Louis XIII et de Louis XIV, membre de l'Académie française, de l'Académie des sciences, littérateur et philosophe; né en 1594, mort le 29 novembre 1669.

Pierre Lamy, conseiller au présidial du Mans, poète latin; mort en 1608.

Roland Fréart de Chambray, conseiller, aumônier du roi, savant architecte; né en 1606, mort en 1676.

Jacques Pousset de Montauban, avocat au parlement, échevin de Paris, littérateur; mort en 1685.

Bernard Lamy, oratorien, prêtre, ancien professeur de philosophie aux colléges de Saumur et d'Angers; de théologie au séminaire de Grenoble; littérateur, physicien, mathématicien; né le 28 juin 1640, mort le 29 janvier 1715.

Philippe de Renusson, jurisconsulte, avocat au parlement de Paris; né le 11 septembre 1632, mort en 1699.

Michel du Perray, jurisconsulte-canoniste, avocat au parlement de Paris; né vers 1640, mort le 25 avril 1730.

Noël Aubert de Versé, médecin, ancien ministre de la religion réformée; mort en 1714.

Antoine Bondonnet de Parence, avocat à la sénéchaussée et siége présidial du Mans, premier avocat du roi; né le 28 septembre 1662, mort le 16 mai 1742.

Joachim Bouvet, jésuite, missionnaire; né le 17 juillet 1665, mort le 29 juin 1730.

Hardouin Le Bourdais, avocat au présidial du Mans, jurisconsulte; mort en 1640.

Charles Blondeau, avocat au présidial du Mans, biographe; mort en 1680.

Étienne Bréard, poète latin; né en 1680, mort le 24 avril 1749.

Louis Maulny, conseiller au présidial du Mans, historien; né en 1681, mort le 24 avril 1749.

François Poupart, médecin, naturaliste, anatomiste, membre de l'Académie des sciences; né en 1691, mort le 31 octobre 1709.

René de Bonneval, littérateur; né en 1700, mort en 1760.

Louis-Élisabeth, comte de La Vergne, marquis de Broussin, lieutenant-général des armées du roi, membre de l'Académie des sciences, de l'Académie Française, de l'Académie royale de Berlin, de la Société royale de Londres, etc., littérateur, poète et physicien; né le 4 novembre 1705, mort le 31 octobre 1783.

Louis-Antoine, marquis de Carraccioli, oratorien, colonel au service de Pologne et polygraphe; né le 6 novembre 1719, mort le 29 mai 1803.

François Véron de Forbonnais, inspecteur général des monnaies de France, employé au contrôle général des finances, associé de l'Institut, économiste et littérateur ; né le 3 octobre 1728, mort le 20 septembre 1820.

Jean-Thomas Pichon, chanoine du Mans, historiographe de Monsieur ; né en 1731, mort le 18 novembre 1812.

Julien-Jacques Moutonnet-Clairfons, littérateur, censeur royal, membre des Académies de Crusca, des Arcades de Rome, etc. ; né le 11 avril 1740, mort le 3 juin 1813.

François Menard Lagroye, conseiller au présidial du Mans, député à l'Assemblée constituante, au conseil des Cinq-Cents, premier président de la cour royale d'Angers, né en 1742, mort en 1813.

René-François Chauvin du Ponceau d'Oigny, littérateur, né le 23 septembre 1749, mort le 24 avril 1831.

Louis-Jean-Charles Maulny, naturaliste et antiquaire ; né le 12 décembre 1758, mort le 18 mars 1815.

Pierre-Alexandre, comte de Tilly, page de la reine, officier de dragons, littérateur ; né en 1764, mort en 1816.

Matthieu-Jean-Baptiste Nioche de Tournay, chef de division à la banque de France, auteur dramatique ; né le 30 septembre 1767, mort le 7 février 1844.

Louis-Jacques Guyon, poète et biographe ; né le 24 juin 1768, mort le 12 octobre 1842.

Jacques-Rigomer Bazin, écrivain politique, littérateur ; né le 20 mars 1771, mort le 20 janvier 1818.

François-Jean-Baptiste Menard Lagroye, professeur d'histoire naturelle, correspondant de l'Académie des sciences de Paris ; né le 2 mai 1775, mort le 30 septembre 1827.

Almire-René-Jacques Lepelletier, médecin, historien, littérateur et philosophe ; né le 13 novembre 1790.

Eugène-Henri Desportes, médecin, membre adjoint de l'Académie royale de médecine ; né en 1780.

François-Firmin Sevin, avoué-avocat au Mans, membre du conseil général de la Sarthe, avocat général à la cour de cassation et actuellement conseiller à la même cour ; né en 1800.

Jean-Marie-René Philippon de la Madelaine, avocat à la cour royale de Paris, littérateur, historien ; né en 1810.

Amédée Hamon, ex-auditeur attaché au ministère des affaires étrangères, membre du conseil général de la Sarthe; né le 28 février 1814.

N. Desportes, dans sa *Bibliographie du Maine*, donne les titres de tous les ouvrages de ces auteurs.

Imprimeries.

Il y a trois imprimeries au Mans : 1° celle de M. Monnoyer, place des Jacobins; 2° celle de MM. Dehallais, du Temple et Cie, rues Marchande et Bourgeoise; 3° et celle de MM. Étiembre et Beauvais, place des Halles.

Journaux.

1° L'*Union de la Sarthe*, journal politique, très-répandue, paraît trois fois par semaine, les mardi, jeudi et samedi. — Cette feuille est rédigée depuis 1850 par M. A. Loger.

2° La *Chronique de l'Ouest*, autre journal politique, qui vient d'être fondée, paraît aussi trois fois par semaine, lundi, mercredi et vendredi. — Rédacteur : M. de la Porte.

3° Les *Affiches du Mans* paraissent deux fois par semaine; elles contiennent les annonces judiciaires et autres.

ENVIRONS DU MANS

Les bourgs qui entourent la ville du Mans sont assez jolis, et la campagne des environs est très-belle ; nous allons indiquer sommairement ce qu'on y trouve d'intéressant :

PONTLIEUE. — Saint Berard, qui avait construit l'église de Pontlieue, y fut enterré en 654 ; cette église a été rebâtie il y a environ trente ans.

En 1589, les Ligueurs brûlent une partie des maisons de Pontlieue ; en 1793, l'armée républicaine et la garde nationale fortifient le pont construit sur l'Huisne en 1771, et coupent deux arches de l'ancien pont pour empêcher l'armée vendéenne d'entrer au Mans ; la lutte s'engage, et les royalistes s'emparent de la ville.

(Voy. sur la promenade du mardi gras à Pontlieue, p. 35 et 36.)

YVRÉ-L'ÉVÊQUE. — Le bourg d'Yvré-l'Évêque est assez joli. L'église, du style ogival primitif, n'a de curieux que ses épais contreforts. Il ne reste de l'ancien et magnifique château des évêques du Mans que quelques constructions sans intérêt.

(Abbaye de l'Épau, voy. p. 24.)

COULAINES. — L'église de Coulaines a été consacrée par saint Pavace ; Hoël, évêque du Mans (1086-1097), l'a fait rebâtir ainsi qu'un manoir.

Pendant que Charles le Chauve était au Mans (843), saint Aldric assemble un concile en sa maison de Coulaines. En 1099, Guillaume le Roux, roi d'Angleterre, fait placer sa nombreuse armée sur les coteaux de Coulaines et attaque la ville du Mans. Plus tard, l'évêque Hildebert n'ayant pas voulu consentir à raser les tours de la cathédrale, il démolit la maison de l'évêque et ravage le bourg de Coulaines.

Rouillon. — L'ancienne église de Rouillon, dédiée à la sainte Vierge et à saint Victur, fut rebâtie en 1768.

En 1473, une confrérie fut établie dans l'église de Rouillon sous le patronage de saint Victur; on distribuait aux confrères entrant une chopine de vin et un setier aux anciens, mais comme cet usage donnait lieu à des abus, elle fut supprimée en 1755.

Lors de la déroute de l'armée vendéenne au Mans (12 décembre 1793), un grand nombre de ces malheureux furent atteints sur la commune de Rouillon et tués par les paysans.

Allonnes. — Suivant quelques historiens, Allonnes était l'ancienne capitale des Cénomans, et après sa destruction, vers le ɪvᵉ siècle, les Romains bâtirent la ville du Mans. Pour nous, Allonnes n'était qu'une grande *villa* romaine; on retrouve dans ses environs beaucoup de débris de constructions romaines, des échantillons de mosaïques, quatorze à quinze espèces de marbre, dont la plupart proviennent des Pyrénées, des médailles, des cercueils en pierre, des amphores, des vases rouges, etc. Allonnes, sous le rapport historique, est la commune la plus curieuse des environs du Mans. L'église est du xᵉ siècle.

C'est dans le bois des Teillais que le roi Charles VI, en 1393, fut atteint de folie en marchant contre le duc de Bretagne.

CHATEAUX ET MAISONS BOURGEOISES

du département de la Sarthe.

MM.

Aillères. — AILLÈRES : Caillard d'Aillères, propriétaire.
Allonnes. — LA FORESTERIE : Chalot-Pasquer.
Amné. — BORDEAUX : Chevalier de Moire.
Ancinnes. — COURTILLOLES : de Courtilloles.
Arçonnay. — MALEFRE : Hommay.

Autrefois le seigneur du château de Malefre avait le droit de prélever les lundi, jeudi et samedi de chaque semaine, sur chaque étal de la boucherie d'Alençon, une rouelle de veau pour faire la gorgée à un oiseau de fauconnerie. A sa réquisition, les bouchers, armés de bâtons propres à le défendre, devaient le conduire depuis cette ville jusqu'à sa terre ; en récompense ils étaient autorisés à prendre, dans les bois de la Noë de Gênes, toutes les pièces dont ils faisaient « leurs buchettes et jambiers. » En 1136, Geoffroy le Bel, comte d'Anjou et du Maine, fut attaqué par des brigands dans les bois de Malefre ; son chambellan fut assassiné et ses malles furent volées. Le domaine de Malefre a appartenu à la famille du Bouchet — (Simon du Bouchet, chambellan du roi, troisième fils de Jean, seigneur de Malefre, prit, en 1429, la ville de Laval sur les Anglais) ; — à Paumier, dit le marquis de Bouillon ; — au vicomte d'Espuisay, etc.

— LA CHEVALERIE : Goujon de Cherisaye.
— GROGNY : Foucault.

Ardenay. — ARDENAY : Anatole de Beauregard.
Arthezé. — LA CAPINIÈRE : Mme veuve Pion-Noirie.
— LES ESSARDS : Alphonse Belin de Chantemêle.
— LA SAULAIS : Loret.

Asnières. — MOULIN-VIEUX : De Lorière.

Assé-le-Boisne. — CERISAY : De Beaurepos.

— LE PRÉ : De Beaurepos.

— LOUZIER : Anjubault.

— LA FONTAINE : Galpin.

— LE CHENAI : De Fresnay.

Assé-le-Riboul. — MOZÉ : Moulinneuf.

Aubigné. — BOSSÉ : Mme de Baglion.

— GENEVRAYE : Monden-Genevraye.

Auvers-le-Hamon. — LE PLESSIS : De Charnacé.

Avessé. — MARTIGNÉ : Goupil.

La commune d'Avessé prit une part active dans toutes nos guerres civiles depuis 1792 jusqu'en 1814. Les royalistes et les républicains firent les uns et les autres leur caserne et leur place d'armes du château de Martigné, Les républicains y furent même assiégés.

Avézé. — LA PROUTERIE : Gouin.

— LA SOLITUDE : Gondoin.

Avoise. — DOBERT : Marquise de la Girouardière.

— PESCHESEUL : Mme Tessié de la Motte.

En 1562, Jean de Champagne, seigneur de Pescheseul, fait exécuter tous les protestants qu'il peut trouver, ou les fait noyer dans la Sarthe ou dans les fossés de son château, ce qu'il appelait *les faire boire à son grand godet*. Charles IX et Catherine de Médicis passèrent quinze jours au manoir de Pescheseul; le roi lui demanda combien il avait fait boire de huguenots à son grand godet ? « Sire, répondit-il, je n'ai jamais fait d'attention à pareille minutie pour avoir chargé ma mémoire du nombre de cette canaille. » Le seigneur de ce domaine avait « droits de guet, de garde, de corvée, de faire rompre la lance à course de quintaine, tant sur terre que sur eau, une fois par année; droit de fourches patibulaires à quatre piliers; droit de chasse à cor et à cri, à toutes sortes de chasses, à toutes bêtes, noires et rousses, dans les forêts de Baugé, de Sablé, de Château-du-Loir, de Longaulnay, etc. »

En 1660, le roi permet au seigneur de Pescheseul de rebâtir son château avec fossés, pont-levis, bastions, boulevards, canons et autres armes.

Ballon. — BALLON : Comte de Maupeou.

1089. Hélie de La Flèche s'empare du château de Ballon. — 1098. Guillaume le Roux, roi d'Angleterre, s'en rend maître. — 1099. Robert de Bellesme le fortifie. — 1199. Philippe-Auguste le démolit. Il fut rebâti ; on ne voit plus aujourd'hui qu'une grosse tour et deux tourelles.

Bazouges. — BAZOUGES : Le Louvier de Bazouges.

Le château de Bazouges a été construit au XVIe siècle.

— FONTAINES : Bertrand Geslin.

— LA BARBÉE : Comte de la Bouillerie.

Beaumont-la-Chartre. — LABORDE : Gustave de Beaumont, ex-ambassadeur.

— LE FRESNE : Busson.

Beaumont-Pied-de-Bœuf. — LA COUETTERIE : De la Porte.

Beillé. — BRESTEAU : Berard de Bonnière.

Berfay. — COUR-DES-DEFFAIS : Mercent.

Bernay.— BORDIGNÉ : Mlle de Bordigné.

La paroisse de Bernay a vu naître Jean Bourdigné, historien.

Bessé. — COURTANVAUX : Général comte Anatole de Montesquiou, grand d'Espagne de première classe, chevalier de Saint-Louis, chevalier d'honneur de la reine Marie-Amélie, ex-député de Saint-Calais.

A l'époque où Henri IV soumettait le Vendomois et Le Mans, il vint loger au château de Courtanvaux.

— COURT-DU-BOIS : Duchesse de Larochefoucauld.

— CHEMIÈRE : Mme la comtesse Alfred de Montesquiou.

— LA MASSUÈRE : Leroi de Chauvigny.

Bonnétable. — BONNÉTABLE : Sosthène de Larochefoucauld, duc de Bisaccia.

Le château de Bonnétable est d'une construction lourde. Philippe-Auguste prend à Henri II, roi d'Angleterre, le manoir de Bonnétable. Le 20 mai 1795, les chouans s'emparent de Bonnétable, désarment les habitants, renversent l'arbre de la liberté, brûlent les archives publiques et pillent plusieurs maisons.

Boessé-le-Sec. — LA GOUPILLÈRE : Comte de Glatigny.

Brains. — LES TOUCHES : De la Porte.

Breil. — PESCHERAY : Goupil.

Brûlon. — PLANCHE : Droineau et vicomte de Vaulogé.

— BELLEVUE : Vicomte de La Taille des Essarts.

Cerans-Foulletourte. — LA COUR : Marquis de Broc.

Chahaignes. — BÉNEHART : De la Boussinière.

Jacques III de Maillé, seigneur de Bénehart, gouverneur de Vendôme pour la Ligue, eut la tête tranchée en 1589.

Champaissant. — FORBONNAIS : Enlard de Grandval.

Véron de Forbonnais habita longtemps cette terre, et y écrivit une partie de ses ouvrages.

Changé. — LA BUSARDIÈRE : Marquis de Nicolaï.

— CHEFRAISON : Veuve Lecoq.

— AMIGNÉ : Mme de Castilla.

— LA PAILLERIE : Général de Lespart.

Chantenay. — THAUMAZIN : D'Andigné de Resteau.

Le seigneur de Thaumazin fonda au XIIe siècle un prieuré en faveur de l'abbaye de la Couture du Mans, et une maison de lépreux dont les biens furent donnés à la paroisse de Chantenay.

Voici comment le poète Barthélemy Boutier, prêtre, parle de son pays :

Chantenay ma douce patrie,
Ma douce patrie chérie
Qu'esperdument j'ayme bien mieux
Qu'autres endroits, ni que tous lieux.

. . . .

Je te diray la fromenteuse,
Je te nommerai la vineuse,
Je diray tes fertilitez
Tes fertiles commodités.

Je diray tes belles prairies,
Je diray tes belles saillies,
Je diray la bonté de l'eau
Que donne ton petit ruisseau.

Chantenay a aussi vu naître Julien Taboué, jurisconsulte, avocat et procureur-général au parlement de Chambéry; Jean Rousson, écrivain; l'abbé Ledru, historien, et Ledru-des-Essarts, lieutenant-général.

— Coudreuse : Bruyère.

Chassillé. — Chassillé : Maugé.

Chaufour. — La Denisière : De Gastines.

Château-l'Hermitage. — Chateau-l'Hermitage : Comte de Mailly.

Chemiré-le-Gaudin. — Bellefille : Comte Édouard de Sarcé.

Voici la légende qu'on rapporte sur le domaine de Bellefille : Damase, seigneur d'Asnières, entretenait publiquement Damgerose, sa nièce, jeune fille d'une grande beauté. Hugues de Saint-Calais, évêque du Mans (1136-1144), excommunia Damase et lui défendit de se servir de l'eau et du feu. Il se moqua de cette interdiction; alors l'évêque lui prédit que si, dans six mois, il ne chassait pas sa maîtresse, il périrait par le feu et par l'eau. En effet, un jour Damase traversait la Sarthe pour exercer un faucon dans une plaine : un orage le surprit pendant qu'il chassait avec son fauconnier; ils entrèrent dans un bateau; le tonnerre le brisa aussitôt et coula les deux chasseurs. Damgerose, effrayée de ce malheur, alla trouver l'évêque, lui confessa ses fautes, et se retira avec deux de ses parents dans une terre de son père; elle y bâtit un oratoire et y fit pénitence pendant cinquante ans; c'est à présent le château de Bellefille; Pierre de Courthardy, premier président au parlement de Paris, y a reçu le jour.

— La Papinière : D'Andigné de Resteau.

Cette maison a été souvent habitée par notre poète d'Oigny du Ponceau, qui s'y plaisait beaucoup.

— La Sauvagère : Comte de Sarcé.

Au-dessus de la porte d'entrée de ce domaine, on lit : Ex arduo virtus.

Chenay. — Chenay : Paillard de Chenay.

Chenu-sur-Sarthe. — Chérigny : Piscatory, ex-ambassadeur.

— Du Paty : Hubert.

Le château du Paty a appartenu au célèbre historien de Bourdeilles de Brantôme.

— La Borderie : Ruzé d'Effiat.

— La Sapinière : Piscatory, ex-ambassadeur.

— La Brosse : Mme Dupont de Vaugirard.

Cherré. — Beauchamp : Richer de Beauchamp.

— Haut-Brisson : Marquis de Jumilhac.

— Buron : Hervé.

— Riche-Fuie : Mme Délélée.

Chevain. — Chevain : Hortensius Corbeau de Saint-Albin, juge, ex-député.

Clermont. — Les Délices : De Sapinaud.

Cogners. — La Cour de Cogners : Hennet.

Le marquis de Cogners fut aide-de-camp de Louis XIV. M. Musset, marquis de Cogners, membre du conseil général de la Sarthe et de plusieurs académies, était un des hommes les plus instruits de la province du Maine.

— La Loustière : Mme Dagoreau.

Conflans. — La Barre : Baron de Vanssay.

Ce château fut fortifié pendant la Ligue par ordre du duc de Mayenne.

Contilly. — Frébourg : De Frébourg.

Cormes. — Pannet : Charlery.

Coudrecieux. — La Pierre : Comte Philippe Legras du Luart.

— Les Loges : Comte Legras du Luart.

Coulans. — Coulans : Louis Pasquier.

— Courteille : Mme Liberge.

— De Vallière : Vicomte de Lezardière.

Coulongé. — Aiguebelles : Comte de Battines.

L'abbé de Saint-Vincent, seigneur des Aiguebelles, avait droit « de justice, haute, moyenne et basse ; cepz, colliers et gibet à deux piliers pour punir les malfaiteurs. Quant il eschait, aucun laron, ou malfaiteur estre prins en la dite terre, les officiers le peuvent prendre et mettre au cep ou autre prison, le garder un jour et une nuit, puis le rendre aux officiers de Mayet, lesquels font son procès, ensuite le rendre aux officiers des Aiguebelles, pour le faire exécuter aux fourches et gibet de la dite seigneurie. »

— Cherbon : Mme Pageot.

— La Picoterie : Goumenault des Plantes.

Courcelles. — Courcelles : Marquis de la Suze.

— Vadré : Comte de la Suze.

Courcemont. — Chesnay : Comte d'Argy.

— Davière : Comte de Maupeou.

Courcival. — Courcival : Marquis Baigneux de Courcival.

Courdemanche. — La Roussardière : De Goville.

Courgains. — De Biards : Baron de la Borde.

Créans. — Créans : Lambron.

Crissé. — Chauffour : Chevalier.

— Sallaines : Marquis de la Roche-Lambert.

Cromières. — Langlotière : Lelasseux.

Pendant la révolution, Bureau, chef de chouans, rencontre dans une ferme, près de Cromières, un soldat républicain ; il le couche en joue, mais un sentiment d'humanité pénètre dans son cœur, il s'arrête : « Non, dit-il, je ne puis tuer un ennemi sans défense; prends le chemin de traverse, aucun des miens ne se trouve de ce côté; le temps presse ; adieu ! » Quelque temps après, Bureau tombe au pouvoir des républicains ; il est condamné à mort, on le conduit au lieu de l'exécution ; un des soldats chargés de le fusiller le reconnaît, court à lui, le presse sur son cœur : « Non, dit-il à son tour à ses camarades, non, cet homme ne mourra point; cela est impossible, vous ne le voudrez pas, mes amis. Je tombai entre ses mains il y a trois mois; il m'a sauvé de la fureur des siens, de sa propre fureur; la reconnaissance me fait un devoir de lui rendre le même service; vous ne me forcerez pas à manquer à un devoir sacré. — Qu'il soit libre! s'écrient les autres soldats. » Alors on détache les liens de Bureau, et on le rend à la liberté.

Dangeul. — DANGEUL : Comte de Gallwoy.

Dehaut. — DEHAUT : De Lonlay.

Dissé-sous-Courcillon. — COURCILLON : Deshayes.

— LE PAVILLON : Cullier.

Dissay-sous-le-Lude. — LA COUR DE BROC : Marquis de Pronleroy.

— LORIÈRE : De Bernard.

Dollon. — DOLLON : Comte de Glatigny.

Domfront. — BRETONNIÈRE : Leuvin.

Doucelles. — SERILLAC : Comtesse de Faudoas.

Douillet. — DOUILLET : Vicomtesse de Montesson.

Écommoy. — FONTENAILLES : Marquis Ruzé d'Effiat.

— BEZONNAIS : Goupil.

Fay. — VANDŒUVRE : Marquis de Loyac.

— LA LIVAUDIÈRE : Leroux.

Fercé. — VAULOGÉ : Vicomte Picot de Vaulogé.

Fillé-Guécélard. — GROS-CHENAY : Ouvrard de Linières.

— CHATEAU-GAILLARD : Leguicheux.

— LA RONCE : Goussault.

Flée. — LA MOTHE-THIBERGEAU : Vicomte Alexandre de Fontenay.

Fontenay. — FONTENAY : Marquise de la Girouardière.

Fresnay-sur-Sarthe. — MIMBRÉ : Mme de Coulonge.

— SAINT-PAUL : Mme de Monloré.

— MELLAY : Veuve Guyon.

— CHEDOUÉ : Guillemot.

1095. Guillaume le Bâtard, duc de Normandie et roi d'Angleterre, prend Fresnay pour la quatrième fois. — 1417. Henri V, roi d'Angleterre, s'en empare également. Le Bâtard d'Alençon s'en rend aussi maître et y place Ambroise de Loré pour gouverner la ville. En 1589, René de Saint-Denis de Hertré occupe Fresnay.

Fyé. — JUPILLES : De la Roque.

Grandchamp. — GRANDCHAMP : Marquis de Perrochel.
Joué-en-Charnie. — L'HOMMOIS : Chatton des Morandais.
Juigné. — DE JUIGNÉ : Marquis Ernest Le Clerc de Juigné.

Le château de Juigné renferme une belle collection de portraits de famille.

Juillé. — SAINT-PIERRE : Lecomte.
— LE PONT : Veuve de Larsonneau.
— L'HERBAGE : Labbé.
La Bosse. — MONTDRAGON : Comte de Mailly.
La Bruère. — LE GRAND-PERRAY : Veuve Hoüeau.
— MAISON-ROUGE : De Jourdan.
La Barre. — LA BARRE : De Vanssay.
La Chartre-sur-Loir. — LES PINS : Budan de Russé.
— LA RIBOCHÈRE : Bazin.
La Chapelle-d'Aligné. — VAUGUYON : Fortuné de Vauguyon.
La Chapelle-Gaugain. — LA CHAPELLE-GAUGAIN : De la Fontaine de Solar.
La Chapelle-Huon. — LA BECHUÈRE : Mme de Coulonge.
La Chapelle-Saint-Remy. — COULÉON : Vicomte Menjot d'Elbenne.
— COURVALIN : De Saint-Remy.
— FONTENAILLES et LUART : Marquis Legras du Luart.
La Ferté-Bernard. — MONGE : Godivier.
— PELICE : Veuve Richard.
La Fontaine-Saint-Martin. — MAURIER : Latouche.

Le château du Maurier a été bâti par Jacques Aubery. — D'après P. Laramée, J. Aubery, né à Cromières, était un des plus célèbres avocats du parlement. Son plaidoyer pour les malheureux habitants de Mérindol et de Cabrières, contre le cruel baron d'Oppède, fit beaucoup de bruit dans le temps. J. Aubery fut aussi lieutenant-civil de Paris et ambassadeur en Angleterre.

La Fresnaye. — CHEDOUET : Caillard d'Aillères.
— VALLÉE : Dornant.
La Quinte. — ÉPORCÉ : De Beauregard.
— LA BOUCHARDIÈRE : Leroy.
— GRAND-CHEMIN : De Nadeaux.

Lamnay. — L'Étang : Athanase Cohin.

Lavardin. — Lavardin : Voisin.

Lavenay. — La Flotte : Marquise de la Roche-Bousseau.

Le cardinal de Richelieu, ministre de Louis XIII, jaloux de la faveur de Mlle d'Hautefort, maîtresse de ce prince, la fit exiler dans le manoir de la Flotte. Cette belle maison moderne offre un beau et riche point de vue.

Lombron. — Saussoy : Mlle Lecomte.

Le Grand-Lucé. — Lucé : Marquise d'Argence.

La baronnie de Lucé a appartenu aux familles de Lucé, de Chelles, de Coësmes, de Montafié, de Bourbon-Soissons, de Pineau de Viennay.

— La Chevalerie : De Longueval d'Haraucourt.

En 1768, des aérolites, dont une pesant 13 livres, tombèrent près le château de La Chevalerie. Envoyées à l'Académie des sciences, elles furent analysées; sur 100 parties, il y avait : soufre, 8 1/2; fer, 36; silice, 55 1/2. Attaquées par l'acide muriatique, elles dégageaient une odeur hydro-sulfureuse très-intense.

L'Homme. — La Gidonnière : Marquis du Prat.

L'ancien ministre de la marine Malouet est mort dans le château de La Gidonnière.

L'Homme est la patrie de René-Michel Péan, habile chirurgien.

Le Petit-Oisseau. — Pommeroy : Saint-Hilaire.

Le Luart. — Luart : Marquis Legras du Luart.

Cette terre fut érigée en marquisat en 1726, en faveur de François V Legras, baron du Tertre, maître des requêtes, intendant du Roussillon. François Ier Legras, conseiller au parlement de Bretagne, puis au grand conseil, avait épousé Anne, fille du poète Robert Garnier, lieutenant criminel au Mans et conseiller au grand conseil.

Le Lude. — Le Lude : Marquis de Talhouet.

Le château du Lude est un des plus beaux de France. Sa hauteur majestueuse, sa construction partie gothique, partie moderne, ses énormes tours rondes, etc., tout lui donne un aspect imposant. L'intérieur est richement meublé. La chambre dans laquelle Henri IV et Louis XIII ont couché a conservé ses meubles du XVIe siècle. Le seigneur de ce beau domaine avait le droit d'avoir, une fois l'année, des marchands de poisson qui passaient par le Lude, une pièce de poisson. Les sujets devaient faire guet et garde autour du château ; et quand le seigneur venait l'habiter « le bernier (bailli-maire) du Lude, homme de foy es doit querre (chercher), quant monseigneur vient au Lude, coettes et tables, escuelles, tranchoeurs et voires (verres), et doit querre chiez les bourgeois du chastel, pelles, trépieds, pichez, formes (siéges), et doit querre pailles chiez les paysans dehors, et doit querre au chapelain et au portier garder la garenne des lièvres et connins. Et est tenu de semondre (avertir) les pescheurs aler pescher pour monseigneur ou à son commandement, et de garder lez (chemins), et doit semondre l'échanguette (tour élevée et couverte où était la sentinelle) de la ville, quant mestier (besoin) sera, et de aler o (avec) eulx, lui ou son sergent, et doit crier les bans quant justice le commande. Et doit aler semondre les bourgeois de faire la taille, lui ou son sergent, les prévouts ou leurs commandements, d'aler cueilir la taille, et doit aler o eulx et doit garder les prinsons et pendre les larrons ou faire pendre et couper les pieds ou les oreilles, et semondre les quintaines, etc... »

Philippe-Auguste, chaque fois qu'il venait au Lude, exerçait le droit de ravage. (Voy. sur ce droit *Mayet*, p. 63.)

Le château du Lude appartint d'abord à une famille de ce nom, puis il passa successivement dans celles de Beaumont, de Brienne, de Vendôme, de Corne, de Daillon, de Roquelaure, de Louis-Bretagne de Rohan-Chabot, de Duveloar, de Baude et de Talhouet.

Éléonore de Bouillé, duchesse du Lude, dite la Grande-

Chasseresse, était presque toujours vêtue en homme et passait une partie de sa vie à la campagne. Un jour elle fit mutiler un ecclésiastique en sa présence, pour avoir abusé dans son château d'une de ses suivantes, le fit guérir, lui envoya dans une boîte le membre dont on l'avait privé, et le congédia. Cette femme impérieuse et cruelle aimait éperdûment la chasse, s'y livrait avec ardeur et fréquentait souvent le château de la Meute. Elle entra un jour, dit-on, à cheval dans l'église du couvent d'Étival; une autre fois, dans un accès de colère, elle envoya ses gens couper l'arbre du gros marteau de la forge de Moncors, à Chames-en-Charnie (Mayenne); enfin, on dit aussi qu'elle faisait pendre aux arbres les malheureux qui lui déplaisaient.

— GANNETIÈRE : Comte de Broc.

Loué. — COULAINES : Fautrat La Guérinière.

L'ancien château de Coulaines passa dans les maisons de Lessillé, de Leclerc, d'Assé, de la Ville-Favart.

Loué a vu naître Abel Foulon, ingénieur de Henri II, mort en 1563 ; Germain Pilon père, statuaire, et son fils, qui obtint dans le même art une si grande célébrité.

L'épithète de *hableurs* est donnée aux habitants de Loué.

Loupelande. — AUX (VILLAINES) : Marquis d'Aux.

Louvigny. — LOUVIGNY : Comte de Louvigny.

Louze. — LA TOURNERIE : Cottin.

— LA GASTINES : Comte de Semalé.

Lucé-sous-Ballon. — LA COUR : Lebourdais.

— LES DEUX-AMANTS : Chardon.

Luceau. — LA MOTTE-LUCEAU : Philoche.

Luché. — LA GRIFFERIE : Comte de Foucault.

— MERVÉ : De Follin.

Les gens simples prétendent qu'il existe un trésor dans les vestiges des murs du vieux château de Mervé.

— VENNEVELLES : De Boucher.

Le château de Vennevelles, qui avait une sergenterie fieffée, a longtemps appartenu à la famille d'Espeigne.

Maigné. — RESTEAU : D'Andigné.

Malicorne. — MALICORNE : Perron.

Le château de Malicorne, au XIIe siècle, appartenait à une famille de ce nom ; il passa ensuite à celles de Chourches, de Beaumanoir et de La Châtre. Le seigneur de Malicorne avait le droit de contraindre tous les habitants de la paroisse à faner la prairie de son château, mais il était obligé de les nourrir et de leur laisser emporter à chacun autant de foin que leur fourche en pouvait prendre. Le propriétaire d'une maison, sise près de l'église, devait, à certain jour de l'année, conduire dans la cour du seigneur du château de Malicorne une charrette chargée de trois pommes et attelée de deux bœufs qui n'avaient pas servi.

Mme de Sévigné est venue au château de Malicorne ; on montre encore aujourd'hui la chambre qu'elle a habitée ; elle est meublée en style Louis XIV.

La plus grande partie de ce château n'existe plus.

— LE PETIT-BOIS : Rouillon-Frin.

Mamers. — LA COUR-DU-BOIS : De Reizé.

— LE VAL-PINEAU : Marquis de Viennai.

Marçon. — POILLÉ : Comte Raymond de Malherbe.

— LES ROCHES : De Courcival.

Mareil-en-Champagne. — LE PLESSIS : Héritiers Bouttier.

Mareil-sur-Loir. — LA PILLETIÈRE : De Clermont.

Marigné. — LE RONCERAY : Dinaux.

Mareschè. — LA BUSSONNIÈRE : D'Angely.

— LE DUCHÉ : Brière.

Marolles — TOUCHE : D'Émery.

Mayet. — LE FORT-DES-SALLES : Marquis de la Roche-Tulon.

Cette terre passa successivement dans les maisons de Aymon, Gervais de Château-du-Loir, Hélie de La Flèche, Foulques V, comte d'Anjou ; Geoffroi le Bel, Henri Ier, roi d'Angleterre ; Richard, Arthur, Guillaume des Roches, Geoffroi VI, vicomte de Châteaudun ; Jean de Montfort ; Robert de Dreux, de Glennes, du Pont, Hodon, de

Neufchèze, de Beaumanoir, de Beauregard, etc. Guillaume le Roux, roi d'Angleterre, fait le siége du château du Fort-des-Salles en 1099.

En 1370, le connétable Bertrand du Guesclin, pourchassant les Anglais dans le Maine, leur livra une sanglante bataille dans la lande de Rigalet, entre Mayet et Pontvallain. Du Guesclin, avant de poursuivre les fuyards anglais qui s'étaient retirés dans le château de Vaas, fit élever une cabane sous un ormeau pour y déposer les blessés; ensuite il fit inhumer ses morts et planter une croix en bois dans ce lieu, qui porta depuis cette époque le nom de *Croix-Brette*; elle fut renouvelée de siècle en siècle, et fut remplacée, en 1828, par un monument plus digne, un obélisque en pierre, où est gravée l'inscription suivante :

ICI,
APRÈS LE COMBAT DE PONTVALLAIN,
EN NOVEMBRE 1370,
BERTRAND DU GUESCLIN,
DE
GLORIEUSE MÉMOIRE,
FIT REPOSER
SES FIDÈLES BRETONS.
UN ORMEAU VOISIN
SOUS LEQUEL ON ÉLEVA UNE CABANE
POUR LES BLESSÉS,
UNE CROIX
PLANTÉE SUR LES MORTS
ONT DONNÉ
A CE LIEU
LE NOM D'**ORMEAU**
ET DE **CROIX-BRETTE**.
FRANÇAIS!
QUE LES DISSENSIONS INTESTINES,
QUE LES INVASIONS ÉTRANGÈRES
NE SOUILLENT PLUS DÉSORMAIS
LE SOL
DE NOTRE BELLE FRANCE!

— La Roche : Perdriau.

Les maisons de Landivy, Seguin Lenfant, de Glennes, Hamelet et de Girois ont été propriétaires de ce château. Les seigneurs du Fort-des-Salles et de la Roche nommaient les tireurs de la dîme de la paroisse de Mayet et ne leur accordaient qu'un certain temps pour la ramasser. Ce délai expiré, les seigneurs s'emparaient de tout ce qui restait de dîmes dans les champs. Ce droit s'appelait DROIT DE RAVAGE.

— Vezins : De Follin.

Ce domaine a eu pour propriétaires des seigneurs de Juhel, de Vezins, de Daron, de Sarazin, de Montesson et de La Fontaine-de-Follin. En 1582, Joachim de Sarazin, seigneur de Vezins, oblige un propriétaire qui avait acquis une pièce de terre dépendant de son domaine, à donner tous les ans, à son épouse, une paire de gants blancs.

Mézières-sous-Lavardin.— Lavardin : Marquis de Chavagnac.

Montaillé. — Beancé : Dugué.

— Le Plessis : Mme Vougère.

Montbizot. — Le Tertre : Le Peltier.

— Maulny : Paillard-Ducléré.

Montfort. — Montfort-le-Rotrou : Marquis Christian de Nicolaï.

Sous la féodalité, lorsque le seigneur des Pilliers venait chasser jusque dans la cour du château de Montfort-le-Rotrou, ce dernier devait lui offrir et verser un verre de vin.

— Coudray : Longueval d'Haraucourt.

— Loresse : Langlois-Guillouard.

Monhoudou. — Courbomer : Le Bouyer de Monhoudou.

Montigny. — Montigny : Lecomte.

Mont-Saint-Jean. — La Lucazière : Marquis de Dreux-Brézé.

Mulsanne. — La Rochère : Édouard Dubois de Montulé.

— Les Hunaudières : De Larochefoucault.

Neuville-sur-Sarthe. — Blandan : Devré.

— Chapeau : Comte de La Girouardière.

— FONTENELLE : Pasquier.
— MONTHÉART : De Vauguyon.
— MONTAUBAN : Comte Raoul de Montesson.
Neuvillette. — LA FRESNAYE : Ozou de Verrie.
— L'HÔPITAU : Vicomte de Cumont.
— CHATAIGNIERS : Maulny.
Nogent-le-Bernard. — HAUT-ÉCLAIR : De Sallet.
Neuvy-en-Champagne. — LA RENAUDIÈRE : Charlery.

En 1815, une espèce d'état-major royaliste s'établit dans ce château, sous les ordres du comte de Beauvolliers, ancien officier d'état-major des armées vendéennes.

Nogent-sur-Loir. — MOTTE-NOGENT : Comte de Bontville.
Nouans. — NOUANS : Desnos.

En 1417, Henri V, roi d'Angleterre, s'empare du château de Nouans.

Notre-Dame-du-Pé. — LA MOTTE-LIZÉARD : Lebrec.
Noyen-sur-Sarthe. — ANDIGNÉ : De la Villorion.
— LA COURT-DU-BOIS : Marquis de Chamillart.
— MONTABON : Comtesse de Beaunay.
Oizé. — MONTAUPIN : De la Porte.
Parenne. — COURTEMANCHE : Prevost.
Parigné-le-Pôlin. — LES PERRAYS, Marquis de Broc.
— LES PETITS-PERRAYS : Marquis de Broc.
— LA FORTERIE : Marquis de Broc.
— *N.* . . . . : Mlle Le Page.
Pezé. — LA LUCAZIÈRE : Comte de Dreux-Brézé.
Piacé. — BÉCHEREAU : Veuve Lemonnier.
Pincé. — PINCÉ : Comtesse de Tertu.
Pirmil. — CHENERRU : Charles de Beauregard.

Cette terre a appartenu à la famille de la Roche-Tulon.

Pizieux. — PIZIEUX : Chauvin.
Poillé. — VERDELLE : Alphonse Belin de Chantemêle.
Poncé. — PONCÉ : Marquis de Nonant.
— MOTTE : Comte de Nonant.
Pontvallain. — LES TOUCHES : Graffin.
Précigné. — BELLEHOIRIE : Mme Rigault-Beauvais.

— BOISDAUPHIN : Comte de Rougé.

René Ier de Laval, seigneur de Boisdauphin, épouse Suzanne de Beauvau (1478).

— COULON : De Sapinaud.

— PERRAY : Courtillier.

Pringé. — CLERMONT-GALLERANDE : Comte de Rullé.

Préval. — LA MATRASSIÈRE : Comte de Torsay.

Rahay. — COULONGES : Akermann.

— CHEVRONS : Vosgien.

Requeil. — LA ROCHE-DE-VAUX : Comte de Mailly.

Roëzé. — SAINT-FRAIMBAULT : Vicomte de Langevuinais.

Rouessé-Fontaine. — BRETELE : Comte d'Houdetot.

— ROSAY : Croisé.

En 1099, Guillaume le Roux, roi d'Angleterre, vient camper avec 50,000 hommes à Rouessé-Fontaine, après avoir fait prisonnier Hélie de La Flèche. En 1417, Henri V, aussi roi d'Angleterre, s'empare de Rouessé-Fontaine.

Rouessé-Vassé. — VASSÉ : Fournier.

— ABBAYE-DE-CHAMPAGNE : Vallée.

— BAUDRÉ : Lépine.

Rouillon. — ROUILLON : Comte de Chasteigner.

Sablé. — SABLÉ : Comte de Rougé.

En 1590, les Ligueurs s'emparent de Sablé et commencent l'attaque du château. Nicolas Dangennes, Louis de Turgis et Philippe de Maintenon, etc., forcent les assiégeants de s'éloigner. En 1593, le capitaine Duplan s'empare du château de Sablé ; en 1595, le maréchal de Boisdauphin en fit hommage à Henri IV ; en 1619, Marie de Médicis vint l'habiter et y traita avec le maréchal Urbain de Laval de Boisdauphin, du gouvernement de l'Anjou ; et, en 1652, pendant les guerres de la Fronde, le maréchal de La Melleraye occupa ce château.

Le château actuel de Sablé a été bâti en 1721, par Colbert, marquis de Torci, secrétaire d'État.

Saint-Aignan. — SAINT-AIGNAN : Comte Desson de Saint-Aignan.

— Le Plessis : Hardouin.

Saint-Aubin-de-Locquenay. — Saint-Aubin : Comtesse de de Beaumont.

— Les Roches : Rigault-Beauvais.

Saint-Bié-en-Belin. — Chardonneux : Comte de Mailly.

Saint-Calais. — Bechuère : Ohier.

— Tillière : Boulanger.

Sainte-Cécile. — D'Ourne : Mme veuve Cavaignac.

— Malitourne : Veuve de Graslin.

Sainte-Cerotte. — Vau : Rinjard.

Saint-Christophe-en-Champagne.— La Massonnière : Du Pont.

Saint-Christophe-du-Jambet; — *N...* : Rapin.

— Gomer : Rigault-Beauvais.

Saint-Cosme-de-Vair. — Le Vivier : De Blou.

Saint-Corneille. — La Perrigne : Haentjens.

Saint-Denis-d'Orques. — La Raguenière : Dutreil.

— Les Fontenelles : Hamon.

— Les Chartreux : Auguy.

Saint-Fraimbault. — La Ronce : Goussault.

Saint-Germain-d'Arcé. — Étival : Le Serrurier d'Étival.

— Chaudru : De Berthou.

— La Guérinière : Mme de Kergus.

— Amenon : De la Cour.

Saint-Germain-du-Val. — L'Arthuisière : Le Hurey.

Saint-Hilaire-le-Lierru. — Roche : Cohin.

Sainte-Jammes. — Antoigné : Mme de Puysard.

Saint-Jean-d'Assé. — Cheveigné : De Saint-Cher.

Saint-Jean-de-la-Motte.— Les Trocheries : Rigault-Beauvais.

Saint-Marceau. — La Menardière : Veuve Savare.

Saint-Mars-de-Locquenay. — Lachesnaye : Veuve Dutrochet.

Saint-Mars-d'Outillé. — Segraie : Longueval d'Haraucourt.

Saint-Mars-la-Brière.— Saint-Mars : Vicomte de Vannoise.

Saint-Michel-de-Chavaigne. — Lassay : De Crochard.

— Saint-Paul : Beauvais de Saint-Paul.

Saint-Paterne. — La Regrattière : Hupier.

Saint-Paul-le-Gautier. — La Cour : Mme Ronsard.

— Les Loges : De Mauloré.

Ce château très-simple a été bâti par la famille de Mauloré.

Saint-Pavace. — Chaine-de-Coeur : Comte Ogier.

Le château de Chaîne-de-Cœur a été construit en 1709 par le sieur Leboucher, receveur des tailles.

— La Hamerie : Lepelletier.

— Les Caillères : Mme Ménard-Lagroye.

Saint-Pierre-des-Bois. — Le Breuil : Lefebvre du Breuil.

Saint-Saturnin. — Les Étrichés : Bourdon du Rocher.

— Les Roches : Comte d'Argy.

Saint-Symphorien. — Bois-d'Effre : De Bois-d'Effre.

Sargé. — La Fouasserie : Bayllard de la Vingtrie.

— La Blanchardière : De la Porte.

— Les Brouases : Le Normand de Lourmel.

Saint-Ulphace. — Gemasse : Baron de Gemasse.

Savigné-l'Évêque. — Mesnil : Hamard.

Ce château a été bâti en 1642.

Savigné-sous-le-Lude. — Le Bois-Pincé : De Marolles.

— La Gigottière : De Follin.

Sceaux. — Les Roches : Cohin.

Semur. — Semur : Marquis de Dollon.

Sillé-le-Guillaume. — Chaufour : Champion.

Sillé-le-Philippe. — Passai : Comte Ogier.

Le manoir de Passai a été bâti au XVIe siècle.

— Boirier : Chameau.

Ce château a été construit en 1814 et 1815 par Mme la baronne veuve J.-L. Ogier.

Sougé-le-Gannelon. — Vallée : Dornant.

Souligné-sous-Ballon. — La Freslonnière : Mlle de Broc.

Souligné-sous-Vallon. — Les Épichellières : Moulin de la Blanchère.

Charles Guillard, président au parlement de Paris, en 1524, seigneur des châtellenies de Crenon, Vallon, Maigné et Souligné, est décédé le 13 novembre 1537, au château des Épichellières qu'il avait bâti.

En 1652, Jean de Champagne, seigneur de Pescheseul,

attaque dans son château le seigneur des Épichellières qui était protestant.

— Maquillé : Comte du Puy de Parnay.

Soulitré. — La Bouverie : De Guibert.

— Les Roches : Mme veuve Busson.

Souvigné-sur-Sarthe. — La Roche-Talbot : De Beauchesne.

Spay. — La Rembourgère : Alfred Belin de Chantemêle.

Teillé. — Boisclèreau : De Torcy.

— La Cruche : Millon.

Teloché. — Le Rancher : Mlle Gauvain.

— Passé : Moreau.

Thorigné. — Thorigné-Reaulme : Jolivard.

Torcé. — Le Petit-Chenai : Lambert.

Trangé. — La Groirie : Enlard de Granval.

Tuffé. — Bresteau : Veuve de Bonnière.

— Cheronne : Comte de Chavagnac.

Au xvie siècle, le domaine de Cheronne appartenait à l'illustre famille de Chahanay ; un de ses membres a été sénéchal du Maine en 1624. Il passa ensuite aux maisons de Turbilly et de Montécler.

Tronchet. — Tronchet : Marquis de Perrochel.

Vaas. — Mazouet : Comte d'Ajoult.

— Petit-Perray : De Vallois.

— La Roche : Comte Pantin de Landemont.

1370. Les Anglais, qui s'étaient emparés de Vaas, en sont chassés par le connétable Bertrand du Guesclin.

Valenne. — La Quantinière : Comte de Montenard.

— La Cossonnière : Mlle Dugrip.

— Semur : Comtesse de Seuil.

Vallon. — La Grange : Marquise de Montesson.

Verneil-le-Chétif. — Mangé : Prince Marc de Beauvau.

Vibraye. — Vibraye : Marquis de Vibraye.

— La Justice : Marquis de Vibraye.

— Boisguinault : Veuve de Montlibert.

Villaine-la-Gonais. — Beauchamp : Richer de Beauchamp.

Villaine-sous-Lucé. — Corbuon : Comte Ogier.

— Bellefontaine : Baron Bertrand Geslin.

Vivoin. — VILLIERS : De Borde.

Viré. — VIRÉ : Renou.

1370. Thomas Grantson, lieutenant du connétable d'Angleterre, était à Pontvallain avec un corps d'armée; il expédie un héraut à du Guesclin, qui était au château de Viré, pour lui demander le jour où les deux armées devront se trouver en présence. Le connétable, qui connaissait le peu d'union qu'il y avait dans l'armée ennemie, dépêcha également un héraut vers l'Anglais. Les deux émissaires s'étant rencontrés, se firent part de leur mission respective, après quoi le héraut français conduisit son collègue au château de Viré. Il fut parfaitement accueilli. Du Guesclin lui donna 14 marcs d'argent, et ses soldats le traitèrent si bien, qu'il s'enivra et dormit jusqu'au lendemain. Après le souper, le connétable partit de Viré et fut battre les Anglais dans la plaine de Rigalet, entre Mayet et Pontvallain.

Le château de Viré qui existe actuellement est de la fin du xve siècle.

Vouvray-sur-Loir. — VOUVRAY ; Percheron.

— LA VIELLERIE : Levillain.

Yvré-l'Évêque. — LES ARCHES : Cohin.

— AUVOURS : D'Andigné de Resteau.

— FEUMUSSON : Mme de Fouchier.

— LA RAGOTTERIE : Baron de La Borde.

— VAUX : Comtesse Da Porto.

STATISTIQUE

LISTE[1] DES MARCHÉS,

ASSEMBLÉES ET FOIRES DU DÉPARTEMENT DE LA SARTHE.

Marchés.

Le dimanche, Auvers-le-Hamon, Bessé, Luché, Malicorne, Marolles-les-Braults, Parcé, La Suze et Précigné.

Le lundi, à La Ferté-Bernard, Mansigné, Mayet, Sablé, Le Breil et Mamers.

Le mardi, à Beaumont-sur-Sarthe, Bonnétable, Bouloire, Écommoy, Cérans-Foulletourte, Loué [2], Malicorne et Montmirail.

Le mercredi, à Ballon, Connerré, Dollon, La Flèche, Le Grand-Lucé, Sillé-le-Guillaume et Pontvallain.

Le jeudi, à Conlie, La Chartre, La Suze, Le Lude, René, Vallon, Saint-Calais, Parigné-l'Evêque et Savigné-l'Évêque.

Le vendredi, au Mans, Sablé, Vibraye, Malicorne et Beaumont-sur-Sarthe.

Le samedi, à Brûlon [3], Château-du-Loir, Fresnay, Montfort, Noyen et Saint-Côme-de-Vair.

Assemblées.

Aigné, le 24 juin.
Aillères, le 9 octobre.
Amné, le 24 juin.
Ancinnes, le 29 juin.
Ardenay, le dimanche le plus proche du 8 septembre.

[1] Cette liste a été faite d'après les documents officiels.
[2] Le lundi de Pâques au lieu du mardi.
[3] Et le dernier jeudi de chaque mois pour les porcs.

Arnage, le dimanche de l'octave de la Pentecôte et le dernier dimanche d'août.

Arthenay et Saint-Benoît, le 2 février, le lundi de Pâques, le dimanche de la Fête-Dieu, le 2 juillet, le 11 juillet et le 11 novembre.

Arthezé, le dimanche le plus près du 24 juin.

Asnières, le dimanche de la Trinité.

Assé-le-Boisne, le premier dimanche de mai.

Assé-le-Riboul, le 20 janvier et le lundi de Pâques.

Aubigné, le premier dimanche de juin et le 24 octobre.

Aulaines, le 15 août.

Auvers-le-Hamon, le premier dimanche d'octobre.

Auvers-sous-Montfaucon, le premier dimanche de mai.

Avesnes, le 24 juin.

Avessé, le dimanche le plus proche du premier septembre.

Avézé, le premier dimanche de mai et le dimanche qui suit le 29 juin.

Avoise, le 10 août.

Ballon, le 10 août.

Bazouges, le deuxième dimanche après le 29 juin.

Beaufay, le 6 juillet et le 11 novembre.

Beaumont-la-Chartre, le dimanche de la Trinité.

Beaumont-Pied-de-Bœuf, le quatrième dimanche après Pâques.

Beaumont-sur-Sarthe, le lendemain de la Fête-Dieu.

Beauvoir, le dimanche avant le 20 juillet.

Beillé, le 22 septembre.

Berfay, le 29 juin.

Bernay, le dimanche qui suit le 16 juillet.

Bérus, le deuxième dimanche de septembre.

Bessé, le dimanche le plus proche du 26 juillet et le dernier dimanche après le 29 août.

Bethon, le deuxième dimanche de mai.

Blèves, le dimanche le plus près du 21 juillet.

Boessé-le-Sec, le 15 août.

Bouër, le 29 juin.

Bouloire, le 21 septembre.

Bourg-le-Roi, le lundi de Pâques.

Bousse, le quatrième dimanche après Pâques.

Brains, le 8 septembre.

Brette, le dimanche après le 4 juillet et le 11 novembre.

Briosne, le 26 juillet.

Brûlon, le 29 juin et le 28 octobre.

Cerans-Foulletourte, le dimanche le plus près du premier mai et le 15 août.

Chahaignes, le dimanche le plus proche du 24 juin et le dimanche de la Quasimodo.

Challes, le dimanche le plus près du 10 août.

Champagné, le dimanche des Rameaux et le dimanche avant l'Ascension.

Champaissant, le 8 juin.

Champfleur, le dimanche qui suit le 4 juillet.

Changé, le premier dimanche de juillet et le 11 novembre.

Chantenay, le 24 juin.

Chassé, le 15 août.

Chassillé, le 2 juillet.

Château-l'Hermitage, le dimanche de la Trinité.

Chaufour, le premier dimanche d'août.

Chemiré-en-Charnie, le premier septembre.

Chemiré-le-Gaudin, le dimanche de la Fête-Dieu.

Chenu, le 25 août et le 11 novembre.

Cherancé, le 13 septembre.

Cherisay, le dimanche après le 9 octobre.

Cherré, le 29 juin.

Cherreau, le 22 août.

Chevillé, le 8 septembre.

Clermont et Château-Sénéchal, le dimanche après l'Ascension, le 17 septembre et le dimanche après le 9 octobre.

Cogners, le dimanche de la Pentecôte.

Commerveil, le dimanche après le 15 août.

Conflans, le 22 juillet et le 22 septembre.

Congé-sur-Orne, le 22 juillet.

Conlie et Verniette, le deuxième dimanche de juillet et le premier dimanchede mai.

Connerré, le 25 juillet et le 22 août.

Contilly, le 10 août.

Contres, le 24 juin.

Cormes, le 9 octobre.

Coudrecieux, le dimanche le plus près du premier mai.

Coulaines, le lundi de Pâques.

Coulans, le 4 juillet et le 11 novembre.

Coulombiers, le 26 juillet.

Coulongé, le dimanche après le 8 septembre.

Courcebœufs, le dimanche avant le 24 juin.

Courcelles, le dimanche le plus proche du 6 mai.

Courcemont, le 24 août.

Courcival, le 10 août.

Courdemanche, le 15 août et le jour de l'Ascension.

Courgains, le 29 juin.

Courgenard, le dimanche le plus près du 28 août.

Crannes-en-Champagne, le dimanche après le 16 juin.

Cré-sur-Loir, le dimanche le plus près du 15 août.

Cromières, le 10 août et le troisième dimanche après Pâques.

Cures, le 11 novembre.

Dangeul, le 23 avril.

Degré, le 11 novembre.

Dehaut, le dimanche avant le 27 août.

Dissé-sous-Courcillon, le deuxième dimanche après Pâques et le premier dimanche de septembre.

Dissé-sous-Ballon, le dimanche de la Quasimodo.

Dissé-sous-le-Lude, le dernier dimanche de mai.

Dollon, le 8 juin.

Domfront-en-Champagne, le dimanche de la Quasimodo et le dernier dimanche d'octobre.

Douillet, le 29 juin.

Duneau, le dimanche le plus proche du 16 juin.

Écommoy, le jour de la fête de l'Ascension.

Écorpain, le 29 juin.

Épineu-le-Chevreuil, le 15 août.

Étival, le 20 janvier, le lundi de Pâques et le jour de la fête de l'Assomption.

Évaillé, le troisième dimanche de juillet.

Fatines, le 25 juillet.

Fay, le dernier dimanche de juin.

Fercé, le dimanche de la Quasimodo et le dimanche le plus près du 20 juillet.

Fillé-Guécélard, le sixième dimanche après Pâques et le 24 octobre.

Flée, le troisième dimanche après Pâques et le premier dimanche d'octobre, au hameau de Port-Gautier.

Fontenay, le 20 août.

Fyé, le 24 juin et le dimanche le plus près du 22 septembre, au hameau de La Route.

Gastines, le troisième dimanche de mai et le 15 août.

Gesne-le-Gandelin, le premier dimanche de mai et le 29 juin.

Granchamp, le dimanche le plus proche du 3 mai et le 15 août.

Gréez, le dimanche le plus près du 11 septembre.

Jauzé, le premier dimanche de septembre.

Joué-l'Abbé, le 9 octobre.

Joué-en-Charnie, le 11 novembre.

Juigné, le dernier dimanche de juillet et le deuxième dimanche de mai.

Juillé, le dernier dimanche de juin.

Jupilles, le dimanche le plus proche du 29 juin.

Laigné-en-Belin, le dimanche le plus près du 15 juillet.

Lamnay, le 6 juillet.

Lavardin, le dimanche le plus proche du 3 juillet et le 10 août.

Lavaré, le 29 juin.

Lavenay, le deuxième dimanche de juin et le premier dimanche de septembre.

Lavernat, le dimanche le plus proche du 29 juin.

La Bazoge, le 15 août et le dimanche après la fête de l'Assomption.

La Bosse, le dimanche le plus près du 27 juillet.

La Bruère, le jour de la fête de l'Ascension.

La Chartre-sur-Loir, le troisième dimanche de mai.

La Chapelle-d'Aligné, le 24 juin.

La Chapelle-du-Bois, le 22 juillet.

La Chapelle-aux-Choux, le 24 juillet.

La Chapelle-Gaugain, le premier dimanche de mai.

La Chapelle-Huon, le dimanche de la Trinité et le deuxième dimanche de septembre.

La Chapelle-Saint-Aubin, le deuxième dimanche après Pâques.

La Chapelle-Saint-Fray, le 11 mai et le 8 septembre.

La Chapelle-Saint-Remy, le 3 mai et le premier octobre.

La Fontaine-Saint-Martin, le 25 août.

La Fresnaye, le dimanche après le 26 juillet.

La Guierche, le 26 juillet.

La Milesse, le 26 juillet.

La Quinte, le 22 juillet et le premier dimanche d'octobre.

La Suze, le 24 juin.

Le Bailleul, le 29 juin.

Le Breil, le 29 juin.

Le Chevain, le premier dimanche de juin.

Le Luart, le 24 juin.

Le Grand-Lucé, le deuxième dimanche de septembre.

Le Mans, le premier dimanche de mai ; Saint-Pavin, le dimanche après le 25 août ; et Sainte-Croix, le deuxième dimanche de septembre.

Le Petit-Oisseau, le 29 septembre.

Les Mées, le dimanche de l'octave de la fête de l'Ascension.

Les Aulneaux, le 29 juin.

L'Homme, le dimanche le plus proche du 25 août.

Ligron, le 15 août.

Lombron, le 24 juin et le 11 novembre.

Le Tronchet, le 8 septembre.

Le Val, le 15 août.

Longne, le 29 juin.

Louailles, le 10 août, fête de Saint-Laurent, et le dimanche qui suit le 20 novembre, ou ce jour-là si c'est un dimanche.

Loué, le dimanche de la Fête-Dieu.

Loupelande, le mardi après le 26 novembre.

Louvigny, le 31 juillet.

Louze, le 15 août.

Luceau, le 6 juillet.

Lucé-sous-Ballon, le dimanche de la Trinité d'été.

Luché-Pringé, le jour de la fête de l'Ascension et le dimanche le plus près du 11 novembre.

Maigné, le deuxième dimanche après Pâques, le 21 septembre et le 13 juillet fête de la Saint-Martin.

Maisoncelles, le dimanche le plus proche du 2 juillet.

Malicorne, le lundi de Pâques et le dimanche avant le deuxième mardi de septembre.

Mansigné, le 4 juillet.

Marçon, le dimanche avant la Pentecôte et le premier dimanche d'août.

Mareil-en-Champagne, le 30 avril.

Mareil-sur-Loir, le 25 juillet.

Marigné, le deuxième dimanche après Pâques, le troisième dimanche de septembre et le premier dimanche d'août.

Marolles, le dimanche le plus proche du 6 mai.

Marolles-les-Brault, le deuxième dimanche de juillet et le premier dimanche d'octobre.

Mayet, le 15 août.

Melleray, le 29 juin.

Meurcé, le dimanche après le 14 septembre.

Mézeray, le 4 juillet et le 11 novembre.

Mézières-sous-Ballon, le dimanche qui suit le 15 août.

Mézières-sous-Lavardin, le dimanche le plus près du 20 janvier et le dimanche après la Saint-Pierre.

Moitron, le dimanche le plus proche du 15 août.

Moncé-en-Belin, le dimanche le plus près du 3 août et le 26 décembre.

Moncé-en-Saônnois, le dimanche le plus proche du 26 juillet.

Monhoudou, le dimanche le plus près du 16 juillet.

Montabon, le premier dimanche de juin.

Montaillé, le 24 juin.

Montbizot, le dimanche le plus proche du premier septembre.

Monfort et *Saussay*, le 3 mai et le dimanche après le 15 mai.

Montigny, le 8 septembre.

Montmirail, le premier dimanche de juin.

Montreuil-le-Chétif, le dimanche le plus proche du 27 août.

Montreuil-le-Henri, le dimanche le plus près du 26 juillet.

Mont-Saint-Jean, le dimanche le plus proche du 24 juin et le jour de la fête de l'Ascension au hameau de Cordé.

Moulin-le-Carbonnel, le 22 août.

Mulsanne, le 22 juillet.

Neufchâtel, le dimanche qui suit le 2 août.

Neuvillalais, le 24 août.

Neuville-sur-Sarthe, le premier dimanche de septembre.

Neuvillette, le premier dimanche d'août.

Neuvy et *Saint-Julien-en-Champagne*, le 27 janvier, le 25 juillet et le 10 août.

Nogent-le-Bernard, le premier dimanche de juin.

Nogent-sur-Loir, le 15 août et le deuxième dimanche de juin au Gué-de-Mézières.

Notre-Dame-du-Pé, le dimanche après le 8 septembre et le dimanche après le 25 août.

Nouans, le premier dimanche de juillet.

Noyen, le troisième dimanche après Pâques et le 31 juillet.

Nuillé-le-Jalais, le jour de la fête de l'Ascension.

Oizé, le premier dimanche de septembre.

Parcé, le jour de la fête de l'Ascension et le dernier dimanche de septembre.

Parennes, le dimanche le plus proche du 15 juin.

Parigné-l'Évêque, le 24 juin et le 15 août.

Parigné-le-Pôlin, le premier dimanche d'août.

Peray, le premier dimanche de juin.

Pezé-le-Robert, le dimanche de la Pentecôte et le 11 novembre.

Piacé, le 8 septembre.

Pirmil, le 20 janvier, le premier juin et le dimanche le plus près du 26 décembre.

Pizieux, le dimanche le plus proche du premier octobre.

Poncé, le premier dimanche après le 14 septembre.

Pont-de-Gennes, le dimanche le plus proche du premier septembre.

Ponthouin, le dimanche le plus près du 11 mai.

Pontlieue, le mardi gras et le deuxième dimanche de juillet.

Pontvallain, le dimanche le plus près du premier août.

Précigné, le premier juin.

Préval, le 29 juin.

Prévelles, le jour de la fête de l'Ascension et le 24 juin.

Pruillé-le-Chétif, le 29 juin.

Pruillé-l'Éguillé, le dimanche avant la fête de la Saint-Jean et le premier dimanche de septembre.

Rahay, le dimanche le plus proche du 31 juillet.

René, le dimanche le plus près du premier août.

Requeil, le 29 juin.

Roëzé, le 29 juin, le 8 septembre et le 4 décembre.

Rouessé-Fontaine, le dernier dimanche d'août.

Rouessé-Vassé, le 9 mai.

Rouez, le quatrième dimanche de juillet.

Rouillon, le premier dimanche de septembre.

Roullée, le dimanche de la fête de la Trinité.

Rouperroux, le dimanche le plus près du 11 mai et le 15 août.

Ruaudin, le 29 juin.

Ruillé-en-Champagne, le 28 juillet.

Sables, le dimanche le plus proche du 22 juillet.

Saosne, le premier septembre.

Sarcé, le 10 août.

Sargé, le dimanche qui précède le 22 juillet.

Saint-Aignan, le dimanche après la Fête-Dieu.

Saint-Antoine-de-Rochefort, le 10 août.

Saint-Aubin-des-Coudrais, le deuxième dimanche de juillet.

Saint-Aubin-de-Locquenay, le premier dimanche de mai.

Saint-Bié-en-Belin, le dimanche après le 9 mai.

Saint-Calez-en-Saonnois, le deuxième dimanche de juillet.

Saint-Célerin, le 11 mai.

Sainte-Cerotte, le jour de la fête de l'Ascension.

Saint-Christophe-en-Champagne, le 18 juillet.

Saint-Christophe-du-Jambet, le 26 juillet.

Sainte-Colombe, le deuxième dimanche après Pâques.

Saint-Côme-de-Vair, le premier dimanche de mai et le dimanche le plus près du 27 septembre.

Saint-Corneille, le 21 septembre.

Saint-Denis-des-Coudrais, le 9 octobre.

Saint-Denis-d'Orques, le 9 octobre.

Saint-Georges-du-Bois, le 23 avril.

Saint-Georges-de-la-Couée, le dimanche le plus près du 23 avril et le troisième dimanche de septembre.

Saint-Georges-le-Gautier, le dimanche le plus proche du 23 avril et le 26 juillet.

Saint-Georges-du-Rosay, le dimanche après le 23 avril.

Saint-Germain-d'Arcé, le 31 juillet ou le premier dimanche d'août.

Saint-Germain-de-la-Coudre, le premier dimanche d'août.

Saint-Germain-du-Val, le lundi de Pâques et le 31 juillet.

Saint-Gervais-en-Belin, le 19 juin.

Saint-Gervais-de-Vic, le 19 juin et le premier dimanche d'octobre.

Saint-Hilaire-le-Lierru, le 14 janvier.

Sainte-Jammes, le troisième dimanche de juillet.

Saint-Jean-d'Assé et Chevaigné, le 24 juin et le dimanche le plus proche du 30 août.

Saint-Jean-du-Bois, le 24 juin.

Saint-Jean-des-Échelles, le 24 juin.

Saint-Jean-de-la-Motte, le dimanche avant la fête de la Nativité (24 juin).

Saint-Léonard-des-Bois, le 10 août et le dimanche le plus près du 15 octobre.

Saint-Maixent, le 13 juillet.

Saint-Marceau, le dimanche qui suit le 15 août.

Saint-Mars-sous-Ballon, le quatrième dimanche après Pâques.

Saint-Mars-la-Brière et *Saint-Denis-du-Tertre*, le dimanche de l'octave de la Fête-Dieu.

Saint-Mars-de-Locquenay, le premier dimanche après la fête de l'Ascension.

Saint-Mars-d'Outillé, le premier dimanche qui suit le 8 juin et le premier dimanche d'octobre.

Saint-Martin-des-Monts, le dimanche après le 8 septembre.

Saint-Michel-de-Chavaigne, le dernier dimanche de septembre.

Sainte-Osmane, le dimanche le plus proche du 9 septembre.

Saint-Ouen-en-Belin, le dimanche le plus près du 25 août.

Saint-Ouen-en-Champagne, le 25 août.

Saint-Ouen-de-Mimbré, le 24 août.

Saint-Paterne, le lundi de Pâques.

Saint-Paul-le-Gautier, le 25 janvier.

Saint-Paul-sur-Sarthe, le 24 juin.

Saint-Pavace, le troisième dimanche de septembre.

Saint-Pierre-des-Bois, le premier dimanche de juillet.

Saint-Pierre-de-Chevillé, le 29 juin.

Saint-Pierre-du-Lorouer, le lundi de Pâques et le 29 juin.

Saint-Pierre-des-Ormes, le dimanche après la fête de Saint-Pierre.

Saint-Remy-des-Monts, le dimanche le plus près du premier octobre.

Saint-Remy-du-Plain, le 8 septembre.

Saint-Remy-de-Sillé, le dimanche le plus proche du 14 juillet et le dimanche le plus près du premier octobre.

Saint-Rigomer-des-Bois, le dimanche le plus proche du 23 août.

Sainte-Sabine, le 2 août.

Saint-Saturnin, le 8 septembre.

Saint-Symphorien, le 22 août et le premier dimanche d'octobre.

Saint-Ulphace, le 9 septembre.

Saint-Victeur, le premier dimanche de septembre.

Saint-Vincent-du-Lorouer, le 22 janvier et le dimanche de la Trinité.

Saint-Vincent-des-Prés, le premier dimanche d'août.

Savigné-l'Évêque, le 13 juillet et le 21 septembre.

Savigné-sous-le-Lude, le 15 juin.

Sceaux, le dimanche le plus proche du 28 mai.

Ségrie, le dimanche de la Trinité et le dimanche le plus rapproché du premier septembre.

Semur, le 6 juillet et le 11 novembre.

Sillé-le-Philippe, le 29 juin.

Sougé-le-Ganelon, le 6 juillet.

Souillé, le 4 juillet et le 11 novembre.

Souligné-sous-Ballon, le premier août.

Souligné-sous-Vallon, le 24 juin et le 25 août.

Soulitré, le dimanche avant la Pentecôte.

Souvigné-sur-Mesme, le dimanche qui précède la Pentecôte.

Souvigné-sur-Sarthe, le dimanche le plus près du 24 juin et le 13 septembre.

Spay, le 26 juillet et le 25 novembre.

Surfond, le lundi de Pâques et le dimanche qui suit le 15 août.

Tassé, le dimanche le plus près du 11 juillet.

Tassillé, le deuxième dimanche qui suit le 4 juillet.

Teillé, le premier dimanche après l'Ascension.

Teloché, le dimanche de la Quasimodo et le premier dimanche de juillet.

Tennie, le 14 septembre.

Terrehault, le 29 juin.

Théligny, le dimanche le plus près du 27 juillet.

Thoigné, le 11 novembre.

Thoiré-sur-Contensor, le 19 juin.

Thoiré-sur-Dinan, le deuxième dimanche de juillet et le dimanche le plus proche du 15 septembre.

Thorée, le 31 juillet.

Thorigné, le deuxième dimanche après Pâques et le premier dimanche de juillet.

Torcé, le 2 juillet et le 8 septembre.

Trangé, le 19 juin.

Tresson, le premier dimanche d'octobre et le dimanche avant le 24 juin.

Tuffé, le lundi de Pâques et le 29 juin.

Vaas, le dimanche avant la fête de l'Ascension et le 24 juin.

Valennes, le premier dimanche d'août.

Vancé, le deuxième dimanche de juillet et le 25 novembre.

Verneil-le-Chétif, le 15 juin.

Vernie, le dimanche après le 8 juin.

Verron, le dimanche de la Trinité d'été.

Vezot, le 9 octobre.

Vibraye, le 10 août.

Villaines-la-Carelle, le premier octobre.

Villaines-la-Gonais, le dimanche de la Quasimodo.

Villaines-sous-Lucé, le dimanche le plus près du 2 juillet.

Villaines-sous-Malicorne, le 31 juillet et le 8 septembre.

Vion, le dimanche le plus proche du 15 août et le 8 septembre.

Viré, le dimanche le plus près du 22 juillet.

Vivoin, le dimanche le plus rapproché du 24 août.

Voivres, le 2 août et le 26 décembre.

Volnay, le dimanche qui suit le 22 janvier et le dimanche le plus près du 19 juillet.

Vouvray-sur-Loir, le dimanche de la Trinité et le dimanche le plus proche du 22 juillet au hameau de Coëmont.

Yvré-le-Pôlin, le dimanche le plus près du 6 juillet.

Yvré-l'Évêque, le dimanche avant le 15 août.

Foires.

Ballon, le mercredi qui suit le dimanche du 10 août et le dernier mercredi de novembre.

Beaumont-sur-Sarthe, le troisième mardi de janvier, le quatrième mardi de mars, le mardi d'avant la Pentecôte, le premier mardi d'octobre et le premier mardi de décembre.

Bessé, le premier lundi de mars, le deuxième lundi après la fête de l'Ascension, le lundi le plus près du 28 juillet et le premier lundi de décembre.

Bonnétable, le premier mardi de février, le quatrième mardi avant Pâques, le troisième mardi après la Pentecôte, le premier mardi de septembre, le deuxième mardi d'octobre, le deuxième mardi de novembre et le deuxième mardi de décembre.

Bouloire, le deuxième mardi de février, le mardi qui suit la Quasimodo, le premier mardi de juillet, le mardi le plus près de la Saint-Matthieu et le troisième mardi de novembre.

Brûlon, le mardi de Pâques.

Château-du-Loir, le deuxième samedi de mars, le samedi avant l'Ascension, le troisième samedi de juin, le dernier samedi d'août, le troisième samedi de novembre et le premier samedi de décembre.

Conlie, le jeudi avant le dimanche gras, le troisième jeudi de novembre et le jeudi après le 10 décembre.

Connerré, le mercredi après le 20 janvier, le sixième mercredi après Pâques et le mercredi avant la Toussaint.

Courcemont, le deuxième samedi d'octobre, le quatrième samedi d'octobre et le premier samedi de novembre.

Écommoy, le premier mardi de janvier, le troisième mardi de carême, le deuxième mardi de mai, le troisième mardi de juin, le premier mardi d'octobre et le dernier mardi de novembre.

Cérans-Foulletourte, le premier mardi de février, le deuxième mardi de juin, le troisième mardi de septembre et le deuxième mardi de décembre.

Fresnay, le deuxième samedi de janvier, le quatrième samedi de février, le deuxième samedi avant Pâques, la veille de la Pentecôte, le deuxième samedi de juillet, le quatrième samedi de septembre et le quatrième samedi de novembre.

La Chartre, le premier jeudi de février, le troisième jeudi de mars, le quatrième jeudi après Pâques, le premier jeudi de juillet, le premier jeudi d'octobre et le premier jeudi de décembre.

La Ferté-Bernard, le deuxième lundi de février, le deuxième lundi de mars, le deuxième lundi de mai, le deuxième lundi de juin, le troisième lundi d'août, le troisième lundi de septembre et le deuxième lundi de décembre.

La Flèche, le mercredi après le premier janvier, le dernier mercredi de janvier, le troisième mercredi de février, le premier mercredi d'avril, le quatrième mercredi d'avril, le premier mercredi avant la Pentecôte, le premier mercredi de juillet, le dernier mercredi de juillet, le quatrième mercredi d'août, le quatrième mercredi de septembre, le dernier mercredi d'octobre et le deuxième mercredi de décembre.

La Fontaine-Saint-Martin, le dernier lundi de février et le dernier lundi de novembre.

La Suze, le jeudi avant le mardi gras, le deuxième jeudi après Pâques, le deuxième jeudi de juin, le quatrième jeudi de juillet, le premier jeudi d'octobre et le premier jeudi de décembre.

Le Lude, le troisième jeudi de janvier, le premier jeudi d'avril, le premier jeudi de mai, et, lorsque l'Ascension tombe ce jour, la foire est remise au premier mercredi de mai ; le premier jeudi de juin, le premier jeudi de juillet, le jeudi qui suit le 8 septembre, le troisième jeudi d'octobre et le troisième jeudi de décembre.

Le Mans, le vendredi après le premier janvier, le dernier vendredi de janvier, le troisième vendredi de février, le quatrième jeudi avant Pâques, le quatrième vendredi d'avril, le surlendemain de la Pentecôte (*dure huit jours*), le troisième vendredi de juin, le troisième vendredi de juillet, le dernier vendredi d'août, le surlendemain du jour de la fête de la Toussaint, et, si c'est un dimanche, le jour suivant (*dure huit jours*) ; le troisième vendredi après la Toussaint et le deuxième vendredi de décembre.

Loué, le lundi de l'octave du Saint-Sacrement et le mardi après le 30 août.

Le Grand-Lucé, le quatrième mercredi de février, le premier mercredi de mai, le troisième mercredi de juillet, le troisième mercredi d'octobre, le deuxième mercredi de novembre et le mercredi qui précède Noël.

Luché, le quatrième samedi de juin, le deuxième samedi de septembre et le deuxième samedi de novembre.

Malicorne, le premier mardi après Pâques.

Mamers, le quatrième lundi de Carême, le premier lundi de mai, le quatrième lundi d'août, le deuxième lundi de septembre, le quatrième lundi de septembre et le premier lundi de décembre.

Mansigné, le troisième lundi de février.

Mayet, le quatrième lundi de janvier, le deuxième lundi d'avril, le premier lundi de juillet, le deuxième lundi de septembre, le deuxième lundi de novembre et le deuxième lundi de décembre.

Montfort, le samedi après la mi-carême, le samedi veille des Rameaux, le samedi veille de Sainte-Croix et le samedi le plus près de la fête de saint Gervais.

Noyen, le deuxième samedi avant Pâques, le troisième samedi après la Pentecôte, le premier samedi d'août et le troisième samedi d'octobre.

Parigné-l'Évêque, le deuxième jeudi de mai et le troisième jeudi de novembre.

Pont-de-Gennes, le mercredi avant le quatrième jeudi de novembre et le mercredi qui précède Noël.

Pontvallain, le lundi avant le premier jeudi de mai et le dernier lundi d'octobre.

Précigné, le 28 mai et le premier mardi de juillet.

Sablé, le premier jeudi après Pâques, le troisième lundi

de juin, le premier lundi de septembre, le premier lundi de novembre et le troisième lundi de décembre.

Saint-Calais, le troisième jeudi de janvier, le quatrième jeudi avant Pâques, le deuxième jeudi de mai, le deuxième jeudi de juin, le mardi qui suit le premier dimanche de septembre et le deuxième jeudi après la Toussaint.

Sillé-le-Guillaume, le mercredi le plus rapproché du 6 janvier, le premier mercredi de février, le quatrième mercredi avant Pâques, le mercredi après Pâques, le premier mercredi de mai, le premier mercredi d'août, le troisième mercredi d'octobre et le mercredi avant Noël.

Vallon, le lundi gras, le lundi de la Quasimodo, le lundi après l'Ascension, le lundi le plus proche de la Saint-Pierre, le lundi le plus près de la Saint-Denis, le lundi le plus rapproché de la Sainte-Catherine.

Verneil-le-Chétif, le premier lundi de mars et le premier lundi d'octobre.

Vibraye, le dernier vendredi de février, le dernier vendredi d'avril, le dernier vendredi de juin, le dernier vendredi de juillet, le dernier vendredi d'août, le dernier vendredi d'octobre et le dernier vendredi de décembre.

DÉPUTÉS DE LA SARTHE AU CORPS LÉGISLATIF

MM.
Marquis de Chaumont-Quitry, ✻.
Marquis de Talhouet.
Prince Marc de Beauvau, ✻.
Leret-d'Aubigny, ✻.

PRÉFECTURE DE LA SARTHE

MM.
Préfet. — Léon Chevreau, ✻.
Secrétaire-général. — Le Bourgeois.
Secrétaire particulier. — Roustan.
Chef de division de l'administration générale de la police et du recrutement. — Pasquier.
Chef de division des finances et des travaux publics. — Touzard.
Chef de division de l'administration communale et hospitalière. — Perrin.
Conservateur des archives et de la bibliothèque administrative de la préfecture. — Lepelletier-Deslandes.
Agent-voyer en chef du service vicinal. — Delanney.
Agent-voyer d'arrondissement du Mans. — Lindé.
Agent-voyer cantonnal, chef de bureau. — Vigneau.
Architecte du département de la Sarthe. — Delarue.
Architecte de l'arrondissement du Mans. — Nourry.

SOUS-PRÉFETS.

MM.
Vignolles, à Mamers.
Clarion de Beauval, à La Flèche.
Bertrand-Geslin, à Saint-Calais.

CONSEIL DE PRÉFECTURE.

MM.

Boulanger, rue du Crucifix.
E. Bidault, rue Auvray.
Le Bourgeois, rue Saint-Bertrand.

Conseil général.

MM.

Le Mans, 1er. — Gasselin-Duverger, propriétaire au Mans.
2e — Surmont, ✻, juge au tribunal du Mans.
3e — Ch. Thoré, ✻, directeur de la succursale de la banque de France, carrefour de l'Étoile, au Mans.

Ballon. — Paillard-Ducléré, propriétaire à Montbizot.
Conlie. — Chalot-Pasquer, ✻, maire du Mans.
Loué. — Hamon, ✻, propriétaire au Mans.
Écommoy. — De Longueval, maire du Grand-Lucé.
Montfort.—Marquis de Mailly-Nesle, propriétaire à La Bosse.
Sillé-le-Guillaume. — Provost, juge de paix.
La Suze. — Ouvrard de Linières, ✻, maire de Fillé-Guécélard.
Beaumont-sur-Sarthe. — Passe, propriétaire.
Bonnétable. — Langlais, ✻, conseiller d'État.
La Ferté. — Chancerel, juge de paix.
Fresnay. — Rigault-Beauvais, ✻, juge de paix.
La Fresnaye. — Caillard d'Aillères, maire d'Aillères.
Mamers. — Ogier, maire.
Marolles-les-Braults. — Grimault, conseiller à la cour impériale d'Angers.
Montmirail.— Baron de Gémasse, ✻, maire à Saint-Ulphace.
Saint-Paterne. — Corbeau de Saint-Albin, ✻, conseiller à la cour impériale de Paris.
Tuffé.— Rigault-Beauvais, maire à Saint-Denis-des-Coudrais.
La Flèche. — Grollier, ✻, propriétaire.
Le Lude. — Marquis de Talhouet, député, maire du Lude.

MM.

Mayet. — Prince Marc de Beauvau, ✻, député, propriétaire à Verneil-le-Chétif.

Malicorne. — De la Villorion, maire de Noyen.

Brûlon. — Bert, juge de paix.

Pontvallain. — Latouche, ✻, maire à La Flèche.

Sablé. — Comte de Rougé, O. ✻, maire.

Saint-Calais. — De Montesquiou, propriétaire à Bessé.

Château-du-Loir. — Gendron, ✻, médecin.

Bouloire. — Jolivard, propriétaire à Thorigné.

La Chartre. — Chevallier, propriétaire.

Le Grand-Lucé. — Haentjens, ✻, propriétaire à Saint-Corneille.

Vibraye. — Dubier, maire à Valennes.

CONSEIL D'ARRONDISSEMENT DU MANS.

MM.

Le Mans, 1er. — Gautier, propriétaire.

2e — Le Bêle, médecin.

3e — Lecousturier de Courcy, maire de La Milesse.

Ballon. — Guiet, maire.

Conlie. — Le Bêle, officier de santé.

Écommoy. — Chevereau, maire à Saint-Gervais-en-Belin.

La Suze. — Pelpoir, maire.

Loué. — Richard, notaire.

Montfort. — Peau-Saint-Martin, avocat au Mans.

Sillé-le-Guillaume. — Coutelle, propriétaire à Saint-Remy-de-Sillé.

CONSEIL MUNICIPAL DU MANS.

MM.

Chalot-Pasquer, ✻, maire, rue de la Juiverie.

Godefroy, adjoint, rue Bourgeoise.

Fisson, adjoint, rue de la Juiverie.

Desportes, rue Sainte-Croix.

Gautier, rue Sainte-Croix.

MM.

Doré, rue Saint-Pavin-des-Champs.
A. Pellier, rue de la Mariette.
Mounoyer, place des Jacobins.
Lalande-Villette, rue de Paris.
Hamon, ✻, rue d'Hauteville.
Richard, ✻, juge de paix, rue Montauban.
Hémon, rue du Marché-aux-Bœufs.
Maucorps, place des Halles.
Richard, avocat, rue Bourgeoise.
Lelasseux, rue du Puits-de-Quatre-Roues.
Lavallée, rue Saint-Louis.
Ch. Thoré, ✻, place de l'Étoile.
D'Espaulart, rue de la Motte.
Raguideau, rue du Paon.
F. Legeay, rue d'Orléans.
Houdbert, rue Montauban.
Bedel, rue du Mail.
Gaude, ✻, rue des Chanoines.
Le Bêle, rue de la Préfecture.
Des Plas, rue Garnier.
Edom, ✻, rue Sainte-Croix.
Gasselin-Duverger, rue du Mûrier.
Hamme, rue d'Orléans.
N.
N.
N.

BUREAUX DE LA MAIRIE.

MM.

Secrétaire. — Deneau-Lagroie.
Architecte-voyer. — Darcy.
Receveur municipal. —Guillouard.
Chef de bureau à l'état civil. — Arnouillau.
Chef de bureau aux contributions directes. — Girard.
Employé à la caisse d'épargnes[1]. — Hubert.

[1] Les dépôts ont lieu tous les dimanches, de midi à deux heures.

Bibliothécaire. — Anjubault.
Conservateur du musée des monuments historiques. — Drouet.
Conservateur du musée. — Dugasseau.
Préposé en chef de l'octroi. — Bazière père.
Directeur en chef de l'abattoir. — Bazière fils.

COMMISSAIRES.

MM.

Commissaire central. — Périer.
Commissaires de police. — Chichet et Guerpillon.

Tribunaux.

MM.

Chambre civile. — Lecouteux, président; Hardouin, Desberries, juges; Javary-Duguesseau, Gougeon, juges suppléants; Lecorney, greffier. — *Audiences* les mardis et mercredis à onze heures.

Chambre correctionnelle. — Pallu, vice-président; Anfray et Surmont, ✻, juges; Damney de Saint-Laurent et Vallée, juges suppléants. — *Audiences* les jeudis et vendredis à onze heures.

Juge d'instruction. — Houdbert.

Parquet. — Boisseau, procureur impérial; Jac et Planchenault, substituts.

Huissiers audienciers. — Pohu, Fouchard, Langevin et Grassin.

Avocats. — Béthuys, bâtonnier, rue des Filles-Dieu, 11; Grandmaison, rue des Minimes, 28; Richard, rue Bourgeoise, 15; Peau-Saint-Martin, rue de la Paille, 9; Granger, rue Bruyère, 4 *bis*; Chauvel, rue Bourgeoise, 7; Pallu, rue Saint-Vincent, 13; Landel, rue du Bourg-d'Anguy, et Morançais, rue de Bel-Air.

Avoués. — Latouche, président, rue Sainte-Marie; Hémon, rue du Marché-aux-Bœufs, 10; Chevalier, rue Saint-Louis, 4; Dolbeau, rue des Minimes; Massiot, rue Bourgeoise, 29; Gadois, rue de la Juiverie, 22; Beurier, rue des Ursulines, 8; et Jeudon, rue de Quatre-Roues, 26.

Justices de paix du Mans.

MM.

1er *canton.* — Richard, ✻, juge, rue Montauban; Bedel et Desgraviers, suppléants; Ernoult-Jamot, greffier, rue de Richebourg; Haloppé, huissier. — *Audiences* les lundis et vendredis à midi.

2e *canton.* — Leprince, juge, place du Château; Peau-Saint-Martin et Raguideau, suppléants; Gremillon, greffier, rue Auvray; D'Huy, huissier, rue des Filles-Dieu. — *Audiences* les mercredi et vendredi à 11 heures.

3e *canton.* — Fleury, ✻, juge, rue Belon; Cochelin et Tireau, suppléants; Fauneau, greffier, rue Sainte-Croix; Jamin, huissier, place des Halles. — *Audiences* les lundis et vendredis à 11 heures.

Tribunal de commerce.

MM.

Quentin-Vérité, négociant, président; Portet-Lavigerie, banquier; Brichet, marchand de faïence; Pineau aîné, épicier; L. Hervé, marchand de chanvre, juges; J. Lebreton, banquier; Bary jeune, manufacturier; Hamme-Esnault, marchand de vins; E. Pellier, négociant, suppléants. — *Audience* le mardi à 11 heures.

Agréés. — Filoche, rue du Mûrier, 10; Gendrot, rue Montauban, 12; et Tacheau, rue Bourgeoise.

Greffier. — Montreul, rue Auvray, 13.

Huissiers. — Hue, rue de Quatre-Roues, 17; et Guesné, rue de Quatre-Roues, 29.

Huissiers.

MM.

Boulard, rue Montauban; D'Huy, rue des Filles-Dieu; Fouchard, rue Saint-Charles; Grassin, rue du Bourg-d'Anguy; Guesné, rue des Minimes; Haloppé, rue des Ursulines; Hervé, rue des Fossés-Saint-Pierre; Hue, rue du Puits-de-Quatre-Roues; Jamin, place des Halles; Langevin, rue du Cornet, et Pohu, rue du Puits-de-Quatre-Roues.

NOTAIRES.

MM.
Godefroy, rue Bourgeoise.
Coupvent-Desgraviers, rue de l'Étoile.
Soreau, rue du Doyenné.
Pilon, rue de la Juiverie.
Raguideau, rue du Paon.
Dubin, rue de l'Étoile.
Famin, place de l'Éperon.
Delorme, rue Bourgeoise.
Richard, rue Saint-Dominique.
Berthauld, rue des Minimes.

Experts.

MM.
Rubillard, rue des Arènes.
Jollivet, rue des Arènes.
Olivier, rue du Mouton.
Narais-Duverger, rue de l'Avenue de Paris.
Touchet, rue Auvray.
Laigneau, rue Napoléon.
Lecureuil, rue du Greffier.
Lesage, rue du Château.
Letessier, rue Constantine.

COMMISSAIRES-PRISEURS.

MM.
Moussoir, rue Montauban.
Bruneau, rue Bourgeoise.

Enregistrement et timbres.

MM.
Directeur. — Allain, rue du Greffier.
Receveur de l'enregistrement. — Barbat-Duclosel, rue de Tascher.

MM.

Receveur des actes judiciaires. — Lefebure, rue de la Préfecture.

Vérificateur de l'enregistrement. — Hucher, rue du Quartier-de-Cavalerie.

Banque de France.

MM.

Directeur. — Charles Thoré, ✱, place de l'Étoile.

Administrateurs. — Chalot-Pasquer, ✱, Gasselin-Duverger, Menard, Lebreton, Portet-Lavigerie, Jarossay, Vétillard et Vérité.

Censeurs. — De Bourqueney, O. ✱, Cohin et Monnoyer.

Recette générale.

MM.

Receveur général. — De Bourqueney, O ✱, rue du Bourg-d'Anguy.

Fondés de pouvoirs. — Allamargot et Débergé.

Caissier. — Greillé.

Trésor public.

MM.

Payeur. — Du Trésor, rue de la Préfecture.

Fondé de pouvoirs. — Dupuy.

Percepteurs.

MM.

1er *canton.* — Courty, rue d'Hauteville.

2e — Contencin, rue du Quartier-de-Cavalerie.

3e — Audrain, rue Saint-Dominique.

Contributions directes.

MM.

Directeur. — Benoist, rue de Videbourse.

Inspecteur. — Rozier, rue Auvray.

MM.

1er *commis.* — Gallian, rue de Bel-Air.

Contrôleurs. — Rousseau, rue Saint-Bertrand, et Martin, rue de la Paille.

Douanes et contributions indirectes.

MM.

Directeur. — Jaquemet, rue du Quartier-de-Cavalerie.

Inspecteur. — Clairbout, rue Chappe.

Sous-inspecteur. — Boulanger, rue Auvray.

Contrôleur. — Domergue, rue Saint-Vincent.

Ponts et chaussées.

MM.

Ingénieur en chef. — Capella, ✻, rue du Quartier-de-Cavalerie.

Ingénieur ordinaire. — Thoré, rue du Mouton.

Service hydraulique.

MM.

Ingénieur en chef. — Capella, ✻, rue du Quartier-de-Cavalerie.

Ingénieur ordinaire, — Ricour, rue des Ursulines.

Chef de bureau. — Fourmy, rue des Pommiers.

Irrigateur. — Harel, rue du Parterre.

Poids et mesures.

Vérificateur. — M. Galpin, rue Belon.

Forêts.

Inspecteur. — M. Beraud, rue Belon.

Télégraphe.

MM.
Directeur de l'administration. — Alexandre.
Inspecteur. — Carrey de Bellemare.
Directeur. — Spitz.

Les bureaux sont situés à la Préfecture. Ils sont ouverts au public de 7 heures du matin à 9 heures du soir, du 1er avril au 1er octobre, et de 8 heures du matin à 9 heures du soir, du 1er octobre au 1er avril.

Toute personne dont l'identité est établie peut correspondre au moyen du télégraphe électrique de l'État, pourvu que la dépêche qu'elle désire transmettre ne soit ni contraire à l'ordre public, ni aux bonnes mœurs.

Les dépêches doivent être écrites lisiblement, en langage ordinaire, intelligible, sans abréviation et signées.

Poste aux lettres.

MM.
Inspecteur. — Vaissière, rue de la Motte.
Directeur-comptable. — Chevalier-Lemore, rue de Paris.
Commis principal. — Vaffier, rue des Ursulines.

Les timbres-poste sont de cinq couleurs différentes : couleur verte, 5 centimes; bistre, 10 centimes; bleue, 20 centimes; orange, 40 centimes, et rouge, 80 centimes.

Le bureau de direction, situé rue de Paris, est ouvert au public tous les jours : en été, de 7 heures du matin à 7 heures du soir, et en hiver, de 8 heures du matin à 7 heures du soir. Il y a trois distributions par jour.

Il est défendu aux facteurs de monter dans les appartements. — Ils livrent les lettres à la personne qui leur ouvre la porte extérieure. — Une lettre est distribuée dès qu'elle est sortie des mains du facteur et que le port en est payé.

La levée des lettres aux boîtes supplémentaires a lieu quatre fois par jour. Ces boîtes sont situées à l'Hôtel-de-Ville, rue Montoise, place des Halles, rue des Minimes, place de l'Étoile, Avenue de Paris et à la Gare. Les correspondances peuvent être mises à cette dernière boîte cinq minutes avant lepassage des trains express.

Chemin de fer de l'Ouest.

MM.

Commissaires de surveillance administrative.—De Samboeuf, Cuirblanc et Nignol.

Chef du service. — Govart, ✻.

Chef de gare. — Richerolles.

Sous-chef de gare. — Bergeot.

Chef des bagages. — Heurteux.

Caissier. — Lacroix.

Bureau central et omnibus, rue des Minimes et place des Halles.

Gendarmerie.

MM.

Chef d'escadron commandant.—Delhorme, ✻, rue du Vert-Galant.

Lieutenant-trésorier. — Diemert, ✻, rue du Vert-Galant.

Capitaine. — Perrin, *id.*

Maréchal-des-logis-chef. — Sauvage, *id.*

Maréchal-des-logis. — Secret, *id.*

Compagnie de sapeurs-pompiers.

MM.

Commandant. — Hébert, O. ✻.

Lieutenant. — Milory.

1er *sous-lieutenant.* — Cornu

2e *sous lieutenant.* — Papin.

Chirurgien aide-major. — Mordret.

Prisons.

Directeur. — M. Buré-Gerdolle.

BIBLIOTHÈQUE IMPÉRIALE

Dépôt de mendicité départemental. (Voy. p. 33.)

Le dépôt de mendicité est sous la surveillance d'une commission nommée par le préfet.

MM.

Directeur. — Lalleman.
Receveur-économe. — Foulard.
Médecin. – Fisson.
Aumônier. — Bataille.

Asile des Aliénés. (Voy. p. 33.)

L'Asile est dirigé par une commission administrative.

MM.

Directeur. — De Saint-Remy, ✻.
Médecin. — Étoc-Demazy.
Médecin supplémentaire. — Mordret.
Aumônier. — Berthelot.

Hospices. (Voy. p. 31.)

L'hospice est dirigée par six administrateurs.

MM.

Chirurgiens. — Janin, ✻, et Lizé, docteurs en médecine.
Médecins. — Lecouteux, Labelle, Voisin, Fisson et Jules Le Bêle.

CULTE

MM.

Jean-Jacques Nanquette, évêque du Mans.
Pichon, chanoine honoraire, secrétaire.
Vicaires-généraux. — Heurtebise, Toury (titulaires); Baissin, curé-archip. de la cath.; Bruneau, sup. du sém.; Deslais, curé-archip. de la Couture; Tourneur, arch.; Driou, arch.; Lejay, chan. hon.; et Mermillod.

MM.

Chanoines titulaires. — Dubois, ✻, Fillion, Lottin, Piolin, Chevereau, Mautouchet, Cartereau, Gonthier et Baissin.

Chanoines honoraires. — Bruneau, Hardy, Goudet, Ragot, Bataille, Coupris, Delahaye, Ligneul, Chanteloup, Boulangé, Dolibeau, Cellier, Pichon, Nanquette, Cottereau, Albin, Livet et Grosbois.

Maître de chapelle. — Blin.

Prêtre-sacriste et maître des cérémonies. — Albin.

Séminaire. (Voyez p. 17.)

MM.

Supérieur. — Bruneau.

Sous-supérieur. — Coupris.

Professeur de théologie. — Coupris, Brunet et Chantelou.

Professeur de philosophie. — Boulay.

Bibliothécaire. — Grosbois.

Économe. — Outin.

Paroisses.

MM.

Saint-Julien. — Baissin, archiprêtre, curé; Delahaye, Chaillou et Rouillard, vicaires.

La Couture. — Deslais, archiprêtre, curé; Lochet, Leblaye, Huard, Diard, vicaires; Letessier, prêtre-sacriste, et Troussard, prêtre habitué.

Le Pré. — Livet, curé; Coquereau, Gandonnière et Morin, vicaires.

Saint-Benoît. — Le Baillif, curé; Drouet et Fournier, vicaires.

Saint-Pavin. — Yvon, desservant, et Quesne, vicaire.

Saint-Georges. — Degoulet, desservant.

Institution de Notre-Dame de Sainte-Croix.

(Voyez p. 24.)

MM.

Directeur des études. — Moreau, rue Notre-Dame.

Professeurs. — *Instruction primaire.* — Heliodore, Basoge, Menard, Jules, Leroy et Lemarchand.

Professeurs. — *Instruction secondaire.* — Villandre, Trehu, Sabadel, Leveillé, Seguin, Martin et Lecointe.

— *Rhétorique.* — Dugast.

— *Philosophie.* — Regnault.

— *Sciences naturelles.* — Manceau.

— *Sciences mathématiques et physiques.* — Mallard et Manceau.

— *Dessin.* — Dusseaulx et Poilleux.

— *Musique.* — Dupire et Schelling.

Frères de la Doctrine chrétienne.

M.

Supérieur. — F. Jaime.

Treize frères lui sont adjoints.

INSTRUCTION PUBLIQUE

MM.

Inspecteur d'académie. — Tarot.

Inspecteur primaire de l'arrondissement du Mans. — Mariotti.

Lycée impérial. (Voyez p. 14.)

MM.

Proviseur. — Dieudonné, rue Saint-Ouen.

Censeur. — Réverard.

Aumônier. — Poirier.

Économe. — Grondin.

MM.

Professeurs. — *Sciences physiques et naturelles.* — Charpentier et Guillemare.

— *Mathématiques pures et appliquées.* — Berthaud Mannessier et Filtremann.

— *Logique et révision littéraire.* — Bourgeot.

— *Histoire et géographie.* — Boulanger.

— *Rhétorique.* — Anthoine.

— *Seconde.* — Chartier.

— *Troisième.* — Feugères.

— *Quatrième.* — Galland.

— *Cinquième.* — Rumeau.

— *Sixième.* — Baranger.

— *Anglais.* — Bonnaire.

— *Allemand.* — De Fijalkouski.

— *Septième.* — Alouis.

— *Huitième.* — Lancelevée.

— *Travaux graphiques.* — Rousseau.

— *Dessin.* — Gaumé.

— *Écriture.* — Lafeuille.

— *Musique vocale.* — Kann.

— *Gymnastique.* — Briard.

COURS PRÉPARATOIRE AU COMMERCE ET A L'INDUSTRIE.

MM.

Professeurs. — *Langues française et anglaise, histoire et géographie.* — Léonard.

— *Sciences mathématiques et physiques.* — Périer.

— *Dessin linéaire et lavis.* — Rousseau.

— *Dessin académique.* — Gaumé.

— *Calligraphie et tenue des livres.* — Lafeuille.

CLASSE PRIMAIRE PRÉPARATOIRE.

Instituteur. — Guibé.

Maître-adjoint. — Durand.

ARTS D'AGRÉMENT.

MM.

Professeurs. — *Piano et clarinette.* — Kann.
— *Instruments en cuivre.* — Boulangé.
— *Violon et basse.* — Aubry.
— *Équitation.* — Schuster.
— *Escrime.* — Fracher.
— *Danse.* — Dron.

École normale primaire.

MM.

Directeur. — Poirrier, rue Saint-Vincent.
Maîtres-adjoints. — Fourneau, Denis et Grouas.
Aumônier. — Delahaye.
Musique. — Kann et Leballeur.
Horticulture. — Gombert.

École Supérieure.

MM.

Directeur. — Mouchot, Grande-Rue.
Professeurs. — Gaudé, Vivant, Beslier, Monguilan, Houdayer, Néguy et Guedé.
Aumônier. — Chaillou.
Anglais. — Syms.
Dessin. — Rousseau.
Calligraphie. — Colibert.
Musique. — Dayet.
Escrime. — Fracher.
Danse. — Dron.

École Mutuelle. (Voyez p. 12.)

MM.

Directeur. — Dulac.
Maîtres-adjoints. — Fouquet, Charnassé, Sachet, Quéru et Tireau.

Pension.

Directeur. — M. Fouquet, rue Auvray.

Pensions de Demoiselles dirigées par des dames laïques.

MMmes

Bourdin, rue de la Barillerie; Coindon, rue de la Barillerie; Gagé, place du Pré; Prud'homme, rue du Vieux-Cimetière, et Beaudoin, Grande-Rue.

Pensions de Demoiselles dirigées par des religieuses.

MMmes.

Religieuses de l'Adoration perpétuelle du Saint-Sacrement, rue des Maillets (Voyez p. 19); religieuses d'Évron, rue du Mûrier et rue des Chanoines; religieuses de Ruillé, place du Pré, et religieuses de la Visitation, rue Champ-Garreau (Voyez p. 25 et 26).

Professeurs particuliers.

MM.

Langues étrangères. — Lorieul, rue Lenoir, et Syms, rue des Fossés-Saint-Pierre.

Mathématiques. — Mallard, rue Belon, et Verdier, rue des Chanoines.

Écritures. — Colibert, rue Saint-Flaceau; Jousseaulme, rue des Minimes, et Lafeuille, rue du Port.

Dessin et peintures.—Desgranges, rue de l'Étoile; Gaumé, rue Bergère; Grouas, rue Dumas; Rousseau, rue des Arènes; Sergent, place des Halles, et Suan, rue de la Grimace.

MUSIQUE. *Violon.* — Aubry, rue de Paris; Laporte, rue des Minimes; Leballeur, rue Saint-Dominique.

Instruments de cuivre. — Boulangé, rue de l'Abbaye-Saint-Vincent; Leballeur, rue Saint-Dominique; Dupire, rue des Minimes, et Jouannault, rue des Minimes.

Piano. — MMlles Lebrun, rue de Flore; Pasquier, rue des Minimes; MM. Schelling, rue du Quartier-de-Cavalerie; Kann, Grande-Rue, et Laporte, rue des Minimes.

Clarinette. — Leballeur, rue Saint-Dominique; Kann, Grande-Rue, et Schelling, rue du Quartier-de-Cavalerie.

Basse. — Laporte, rue des Minimes.

Guitare et harpe.— Laporte, rue des Minimes, et Leballeur, rue Saint-Dominique.

Flûte. — Leballeur, rue Saint-Dominique; Kann, Grande-Rue, et Vitalis, rue Dumas.

Hautbois. — Vitalis, rue Dumas.

Violoncelle. — Laporte, rue des Minimes, et Leballeur, rue Saint-Dominique.

Escrime. — Fracher, marché Saint-Pierre.

Danse. — Dron aîné, place du Marché au beurre, et Dron jeune, Grande-Rue.

Docteurs-médecins.

MM.

Bodereau, rue du Tertre.

Cherouvrier, rue des Ursulines.

Étoc-Demazy, à l'Asile des aliénés.

Fisson, rue de la Juiverie.

Guiet, rue Champ-Garreau.

Janin, ✻, à l'Hospice.

Labelle, rue des Arènes.

Le Bêle Edmond, rue du Puits-de-Quatre-Roues.

Le Bêle Jules, rue de la Préfecture.

Lecouteux, carrefour de l'Étoile.

Lepelletier, ✻, membre de l'Académie impériale de médecine, rue Montauban.

Lizé, rue de Bône.

Lejeune, rue Laroche.

Mordret, rue du Mail.

Poirier, *id.*

Richard, rue d'Hauteville.

MM.
Suhard, rue Bourgeoise.
Tanchot, rue de la Batterie.
Verdier, rue Montauban.
Voisin, rue des Falotiers.

Officiers de santé.

MM.
Guyon, rue de l'Évêché.
Morin, rue d'Orléans.
Vauchelle-Longchamp, avenue de Paris.

Pharmaciens de 1re classe.

MM.
Bonhomet, rue de l'Étoile.
Drugeon, rue des Ponts-Neufs.
Guettier, rue des Minimes.
Leboucher père, rue Courthardy.
Trotry-Girardière, rue Saint-Vincent.

Pharmaciens de 2e classe.

MM.
Beaugé, place des Halles.
Chaudron, rue Saint-Dominique.
Chauvel, rue Basse.
Dallier, rue Bourgeoise.
Dubois, rue Basse.
Épiard, place de l'Éperon.
Georget, rue Saint-Louis.
Leboucher fils, rue Courthardy.
Lepeltier, rue de la Grimace.
Levillain, rue du Pré.
Mathon, rue du Pont-Issoir.
Rezé-Duverger, rue Saint-Jacques.
Timoté, rue Montoise.
Turquety, carrefour Saint-Nicolas.

Sages-Femmes.

MM^mes

Bouchenoire, rue d'Arcole.
Boulie, rue de la Truie-qui-File.
Bourgoin, rue Marengo.
Jugé, rue de l'Hôpital.
Chausson, rue du Pré.
Coudray, rue Saint-Victeur.
Péchard, rue de la Préfecture.
La Planche, rue Ducré.
Plé, rue Marengo.
Prieur, rue de l'Étoile.

Vétérinaires brevetés.

MM.

Lepeltier, quai Richedoigt.
Mauduit, rue du Bourg-d'Anguy.
Pasquier, rue des Filles-Dieu.
Sitger, rue des Minimes.

Société d'Agriculture, Sciences et Arts.

MM.

Président. — Richard, avocat, rue Bourgeoise.
1er *vice-président.* — Surmont, ✻, rue de la Motte.
2e *vice président.* — D'Espaulart, *id.*
Secrétaire. — G. Vallée, rue de l'Étoile.
Trésorier. — Verdier, rue Montauban.
Archiviste-bibliothécaire. — Leprince, rue de l'Évêché.
Archiviste-adjoint. — De Villiers-de-l'Isle-Adam.

Cette Société publie un *Bulletin* tous les 3 mois.

Société du matériel agricole.

MM.

Président. — Capella, ✻, rue du Quartier-de-Cavalerie.
Vice-président. — Surmont, ✻, rue de la Motte.

MM.

Conservateur. — D'Angely, rue du Mail.
Conservateur-adjoint. — Thoré, ✻, carrefour de l'Étoile.
Secrétaire. — De Villiers-de-l'Isle-Adam.
Vice-secrétaire. — Ricour, rue des Ursulines.

Société Française

POUR LA CONSERVATION ET LA DESCRIPTION DES MONUMENTS HISTORIQUES.

MM.

Directeur général. — De Caumont, à Caen.
Inspecteur divisionnaire titulaire. — Le comte de Mailly, ✻, ancien pair de France, au château de la Roche-Devaux.

DIVISION FORMÉE DU RESSORT DE LA COUR D'APPEL D'ANGERS.

MM.

Inspecteur divisionnaire honoraire. — Drouet, au Mans.
Inspecteur du département de la Sarthe. — David, architecte au Mans.

Société d'assurance mutuelle immobilière contre l'incendie.

MM.

Directeur général. — De Chavagnac.
Chef des bureaux. — Hémon.
Les bureaux sont situés rue des Minimes.

Société d'assurance mutuelle mobilière.

MM.

Directeur général. — Singher, ✻.
Président. — D'Espaulart.
Censeurs. — Richard et David.
Banquier de la société. — Portet-Lavigerie.
Les bureaux sont situés rue d'Hauteville.

Cercles.

De l'Étoile, carrefour de l'Étoile.
Du Commerce, place des Halles.
Des Étrangers, *id.*
De la Paix, place Saint-Michel.

Agents d'affaires.

MM.

L'Indicateur général de la Sarthe. — Guillin, Grande-Rue; — Dorise, rue du Mouton.

LISTE DES PRINCIPAUX COMMERÇANTS

DE LA VILLE DU MANS.

Armuriers.

MM.

Duchesne, rue Saint-Jacques, et Panchèvre, rue des Minimes.

Bains.

Dezaires, rue de Gourdaine; Herpin, rue Napoléon, et Barrier frères, Avenue de Paris.

Banques.

Portet-Lavigerie et Ce, place des Halles ;
Filoleau, *fondé de pouvoirs.*
J. Lebreton et Ce, place de l'Eperon ;
Bazoge, *fondé de pouvoirs.*
Corbière et Ce, rue des Minimes ;
Leblais, *fondé de pouvoirs.*
Carron et Ce, rue du Puits-de-Quatre-Roues;
Ropiquet, *fondé de pouvoirs.*
Plé, rue du Mail.

Bouchers.

Blanchet, place de l'Éperon; Brillant, Grande-Rue; Chantron, rue Montoise; Froger, rue des Minimes; Froger, place Saint-Pierre; Perrotel, rue du Porc-Épic; Plessis, rue Auvray; Pottier, rue de l'Évêché, et Tessier, rue Courtardy.

Boulangers.

MM.

Avice, rue Courthardy; Baîche, rue des Minimes; Bellanger, rue de la Vieille-Porte; Bigot, rue de la Perle; Brosse, rue Montoise; Ligneul, rue Napoléon; Mongault, place Saint-Pierre; Morin, rue Saint-Dominique; Sedillière, rue de la Préfecture; Vavasseur, rue du Puits-de-Quatre-Roues.

Cabinets de lecture.

Dehallais, du Temple et Ce, rue Marchande et rue Bourgeoise; Beauvais, rue de la Perle; Jousseaulme, rue des Minimes; Seppré, rue Saint-Jacques.

Cafés.

Du Commerce, tenu par M. Brosset, place des Halles;
De Foi, — Avline, place des Jacobins;
De l'Europe, — Mallet, place des Halles;
De l'Ouest, — Gauclain et Dezallais, place des Halles;
De l'Univers, — Germond, place des Halles;
Lecour, — Lecour, id.;
De Paris, — Goussut, id.;
De France, — Chevalier, id.;
Du Soleil, — Bidault, Eugène, id.;
Des Arts, — Heurteloup, Félix, id.;
Du Midi, — Guérin, id.;
De la Renaissance, — Lhommeau, rue Saint-Louis;
Café-Restaurant, — Soyez, place des Halles;
Café-Restaurant, — Pinot, près la gare;
Café-Restaurant, — Guitté, id.;
Café-Restaurant, — Paris, rue du Gué-de-Maulny.

Carrosserie.

M. Pourriau, rue du Bourg-d'Anguy.

Chapeliers.

MM.

Avenel dit Lonchamps, rue Marengo; Bigot, rue Saint-Louis; Dubois, rue Courthardy; Fulgence, rue Marchande; Gourdin, rue de l'Étoile; Gorski, rue Saint-Dominique; Lacroix, rue Napoléon; Langagne, rue Dumas; Leduc, rue Bretonnière; Mazeroux, Grande-Rue et rue de Foisy; Millois, rue de la Vieille-Porte; et Renaudin, rue du Puits-de-Quatre-Roues.

Chanvres.

Bouvier, rue Basse; Cornilleau, rue Saint-Victeur; Cornilleau, route d'Alençon; Guiller, rue Basse; Hervé, rue Saint-Victeur; Nourry et Lebert, rue de la Préfecture; Reveillère, rue Saint-Charles.

Coiffeurs et Parfumeurs.

Chassevent, rue Dumas; Leroy-Dubourg, place des Halles; Lemarchand, rue Bretonnière; Moulin, carrefour Saint-Nicolas; Petit, rue Marchande; Roc, à la Gare; Yvain, rue Saint-Dominique.

Confiseurs.

Amiard, rue Marchande; Bass, rue Courthardy; Bulher, rue de la Perle; Delamotte, rue des Ponts-Neufs; Filoleau, rue Dumas; Huguet, rue Saint-Jacques; Hyver, rue des Minimes; Margrette, rue de la Vieille-Porte, et Pineau, rue Dumas.

Conserves alimentaires.

Pellier frères, rue de la Mariette, et Salomon, rue Courthardy.

Corsetières.

MM.

Caillon, rue Saint-Jacques; Chemin, rue Dumas; Coupard, rue Marchande; Cuillerey, rue de l'Étoile; Maillet, rue des Ponts-Neufs, Poidevin, rue Dumas, et Rivard, *id.*

Couteliers.

Chemin, rue Dumas; Jamin, rue des Minimes; Laflotte, rue Marchande, et Préel, rue de la Vieille-Porte.

Couvertures.

Buon-Lhermitte, place des Halles; Gourmy, rue Courthardy, et Bossé, rue du Port.

Cuirs.

Chelot, rue Saint-Louis; Dagoreau, rue de la Tannerie; Legoué, *id.*; Lepelletier, *id.*; Leproust, Grande-Rue; Poirier, *id.*; Poirier, rue de l'Orée; Moitet, rue d'Orléans, et Rattier, rue de la Tannerie.

Dentelles.

Bidard, rue du Cornet; Boitard-Chalet, place des Halles; Hubert, rue Dumas; Guibé, place des Halles; Leblais, rue de la Vieille-Porte; Ravasé, rue de l'Étoile; Paturel, place des Halles; Menard, rue Dumas; Monsimier, rue Saint-Dominique; Lemaire, rue Courthardy; Huet, rue du Puits-de-Quatre-Roues, et Busson, rue Sainte-Marie.

Dessinateurs en broderie.

Hardouin, rue Dumas; Bidard, rue du Cornet, et Demay, rue de la Vieille-Porte.

Drogueries, verres à vitres, peintures et vernis.

MM.

Gasse, rue des Boucheries, et Guittet-Gourdin, rue du Port.

Épiciers.

Busson, rue des Minimes ; Bellanger, rue du Cornet ; Chanteau, rue Saint-Dominique ; Cornilleau, rue des Ponts-Neufs ; Galpin, place de l'Éperon ; Gasse, rue des Boucheries ; Guilbard-Roullier, rue Montoise ; Guibout, rue du Mouton ; Hardouin, rue Dumas ; Lorieux, rue Courthardy ; Mauboussin, place des Halles ; Pineau, rue de la Perle ; Salomon, rue Courthardy ; Thoré, rue Auvray ; Venot, rue Montoise ; Yvar, rue de la Vieille-Porte ; Gauché-Allart, rue du Puits-de-Quatre-Roues, et Segouin, rue Dumas.

Fabricants de chocolat.

Amiard, rue Marchande ; Besnier, rue du Mouton ; Guiboust, rue du Mouton ; Hardouin, rue Dumas ; Huguet, rue Saint-Jacques, etc.

(*Les confiseurs, pharmaciens et épiciers sont presque tous fabricants de chocolat.*)

Faïenciers.

Mme veuve Berger, rue Saint-Louis ; Brichet, place de l'Éperon ; Fortin, rues Dumas et Saint-Jacques ; Lemeunier, rue Bourgeoise, et Hubert, rue des Minimes.

Farines.

Jamin et Leroux, au Gué-de-Maulny ; Lecoq, rue St-Louis ; Société de Bouches-l'Huisne, rue du Port.

Fers et charbon de terre.

MM.

Chardon, rue Courthardy; Launay, rue des Minimes; Lavallée père, rue Saint-Louis, et Lavallée fils, rue Saint-Louis.

Fonderie de cloches.

Bollée, route de Paris.

Fonderie de fontes.

Chevé, Doré et Ce, rue Saint-Pavin, et Mitsche, quai Richedoigt.

Fourrures.

Petit, rue Marchande, et Thouin, rue de la Perle.

Fripiers.

Allain, Aubry, Blavette, Boitard, Chabert, Chevalier, Cuvelier, Cuvillier, Deshaies, Guiller, Renault, Simon (Grande-Rue); Dron, rue Saint-Dominique.

Grains.

Haudouin, place des Halles; Laigle, place des Halles; Jamin, rue du Puits-de-Quatre-Roues.

Grainetiers.

Vérité et Quentin, rue Saint-Louis; Filleul, rue du Puits-de-Quatre-Roues; Fournier-Montarou, rue de la Préfecture; Menard, rue de la Tannerie; Nourry et Lebert, rue de la Préfecture.

Graveur.

Duperré, rue de la Vieille-Porte.

Horlogerie et Bijouterie.

MM.

Boëteau, rue Dumas; Bedeau, rue Basse; Choisnet, rue de la Perle; Coudray, place des Halles; David, rue Dumas; Gayet, rue Saint-Louis; Gautier, rue Saint-Jacques; Leloup, rue de la Perle, et Vaillant, rue de la Perle.

Hôtels.

La Boule-d'Or, tenu par M. Diot, rue Dumas.
Le Dauphin, — Mme ve Latouche, place des Halles.
Du Maine, — MM. Panchet, rue des Minimes.
La Galère, — Roulier, rue Napoléon.
La Croix-d'Or, — Venot, carrefour de la Croix-d'Or.
De Bel-Air, — Beldent, rue de Bel-Air.
Du Saumon, — Debled, rue du Porc-Epic.
De Paris, — Lamoureux, à la Gare.
De l'Europe, — Leroy-Cattois, *id.*
De l'Ouest, — Niepceron, *id.*
De l'Embarcadère, — Boutevin. *id.*
De la Petite-Vitesse, — Lemaître, *id.*
De la Gare, — Mme veuve Penset-Savouré, à la Gare.
De France, — MM. Seigneuraye, place des Halles.
Du Soleil, — Tardif-Touchard, *id.*
Du Chemin-de-Fer, — Bouquereau, à la Gare.
Des Étrangers, — Pauloin, rue du Gué-de-Maulny.
Du Commerce, — Bâtisse, *id.*
Du Pélican, — Ligneul, rue du Cornet.

Imprimeries.

Voy. p. 46.

Libraires.

MM.

Dehallais, du Temple et Cᵉ, rues Marchande et Bourgeoise; Deneau-Lagroye, rue Saint-Louis; Gallienne, rue de l'Étoile; Jousseaulme, rue des Minimes; Mitouflet, rue Dumas; Monnoyer, place des Jacobins; Pichon, rue des Minimes, et Seppré, rue Saint-Jacques.

Lingeries.

Bienaimé, rue des Minimes; Clouet, rue de la Barillerie; Devaux, rue des Minimes; Hiron, rue Saint-Dominique; Leroy, rue des Ponts-Neufs; Pasquier, rue Saint-Jacques; Laligant, rue Saint-Louis.

Marchands tailleurs.

Chantre, rue Saint-Dominique; Cormod, rue Saint-Jacques; Gross, rue Saint-Dominique; Guilmin, rue des Minimes; Michel, place Saint-Nicolas; Milleau, rue Dumas; Poidevin, rue de Paris, et Seyert, rue Saint-Jacques.

Merciers.

Benoît, rue Saint-Dominique; Chardron, rue Saint-Jacques; Crochard, rue Saint-Jacques; Fertray-Guilmard, rue Saint-Charles; Fouchard, rue de la Perle; Guérin, rue Dumas; Guichard (Dlles), rue Dumas; Jourdain, rue Saint-Jacques; Lecorney, place des Halles; Moulin, carrefour Saint-Nicolas; Trouillard-Cullier, rue Courthardy; Daudibertière, rue des Pont-Neufs; Papillon, place des Halles, et Derré, rue Courthardy.

Modistes.

MMmes Blossier, rue Dumas; Chevalier, rue Saint-Jacques; Delormes, rue Dumas; Dron, rue des Ponts-Neufs; Foulard, rue de la Paille; Gourdin, rue de l'Étoile; Heurtebise, rue Saint-Martin; Richard, rue de la Barillerie; Sarrazin, rue Saint-Dominique, et Fontaine, rue Saint-Dominique.

Musique et instruments.

MM.

Guillouard, rue de la Préfecture, et Dupire, rue des Minimes. — *Accordeurs de pianos.* — Guillouard, rue de la Préfecture; Dupont, carrefour de l'Étoile, et Eckardt, facteur de pianos, rue de l'Étoile.

Marbre.

Société marbrière du Maine, rue du Vieux-Cimetière, et Jalodin et Cie, rue du Port.

Opticiens.

Dessaine, rue Saint-Jacques, et Hugo, rue de l'Étoile.

Ouvrières en robes.

MMmes Berson, rue du Mûrier; Blossier, rue de la Grimace; Chanteau, rue de la Grimace; Davezé, rue de la Grimace; Détis, rue de la Préfecture; Mabilleau, rue Bourgeoise, et Pineau, rue de l'Étoile.

Peinture sur verre.

MM.

Châtel, rue Constantine; Carl. Kuchelbecher, rue Notre-Dame, et Desgranges, rue de l'Étoile.

Quincaillerie.

Lemaître, place des Halles; Cattois, carrefour Saint-Nicolas; Fouqueray, rue Courthardy; Fournier, rue Dumas; Leroux, rue des Minimes; Lasne, place des Halles; Salmon, rue Saint-Louis, et Tertereau, rue Basse.

Relieurs.

MM.

Fournier, rue de l'Orée[1]; Pineau, rue la Paille; Langevin, rue Saint-Dominique, et Huet-Desgranges, rue des Ponts-Neufs.

Statuaires.

Dubois, rue de la Préfecture; Legendre, parvis Saint-Julien; Lucignani, Grande-Rue, et Pecquet, rue Saint-Vincent.

Scieries de bois.

Brière, rue de Gourdaine; Diot, rue Dumas; Léger, rue du Quartier-de-Cavalerie, et Barrier, avenue de Paris.

Teinturiers-Dégraisseurs.

Bodereau, rue de la Tannerie; Criquebœuf, rue Saint-Dominique; Livet, rue Saint-Louis; Jousse, rue des Minimes, et Gautier, rue du Cornet.

Tapissiers. — Meubles.

Bertin, rue Marchande; Duval, rue Saint-Louis; Lebert, rue de la Préfecture; Lucereau, rue de l'Étoile; Martin, rue Marchande; Mauduit, rue Dumas, et Rebours, rue Dumas.

Tissus. — Nouveautés.

Doré, rue Marchande; Gautier, rues Dumas et de la Perle; Izart, rue Marchande; Lenoir, rue de Paris; Levaillant et Baveux, rue de la Barillerie; Ménard, rue de la Perle, et Mlle Robineau, rue des Minimes.

[1] Cette rue, dans les anciens titres, porte le nom de Dorée et non de *l'Orée*.

Tissus. (Draps, étoffes, toiles, mousselines, etc.)

MM.

Blanchard, place des Halles; Blin, rue Courthardy; Blin, rue Dumas; Boitard-Chalet, place des Halles; Bourreau et Pissot, place des Halles; Bureau, place des Halles; Clerc frères, rue des Minimes; Collet, rue Dumas; Courtois, rue Courthardy; Dumoutier, rue Marchande; Fauvel, rue des Minimes; Fleury-Gasnier, place des Halles; Fortier-Duval, rue Saint-Jacques; Hardouin, rue Dumas; Hubert, rue Dumas; Leblais, rue de la Vieille-Porte; Lebrun, rue des Minimes; Maillebois et Bruneau, place des Halles; Blanchard, place des Halles; Ménard, rue Dumas; Mitsche, rue de la Barillerie; Ravasé, rue de l'Étoile; Roussel frères, place des Halles; Pinson et Genay, place des Halles.

Vieux livres.

Chabert, Lemée, Grande-Rue; Garnier, rue Basse, et Champeau, rue Bretonnière.

Vins.

Caillon, rue Napoléon; Choplin, rue Auvray; David, rue de l'Avenue de Paris; Hamme, rue d'Orléans; Legouay, rue du Port; Raymond et Tiennet, rue Montoise; Rouzé, rue Montoise; Bertin et Barré, rue des Fossés Saint-Pierre; Bernard, rue du Vieux-Cimetière; Refray, rue du Parterre, et Gaudard, rue de la Batterie.

ERRATA

Page 15, *au lieu de* : les cellules des dortoirs, *lisez* : les dortoirs.
— 30, *au lieu de* : de Maulny, *lisez* : Maulny.
— 46, *au lieu de* : lundi, mercredi, *lisez* : les lundi, mercredi.

BIBLIOTHÈQUE IMPÉRIALE

TABLE

—

BIBLIOTHÈQUE IMPÉRIALE IMPR.

LE MANS. — IMPR. DEHALLAIS, DU TEMPLE ET Ce.

www.ingramcontent.com/pod-product-compliance
Ingram Content Group UK Ltd.
Pitfield, Milton Keynes, MK11 3LW, UK
UKHW012228240726
13966UKWH00003B/1005